Les & Leslie Parrott

Mehr Zeit für uns

Wie wir im hektischen Alltag miteinander
verbunden bleiben

Über die Autoren

Les und Leslie Parrott sind beide ausgebildete Psychologen und Ehetherapeuten und leiten das „Center for Relationship Development" an der Pacific University in Seattle, USA. Sie sind international als Redner und durch eine Vielzahl von Veröffentlichungen bekannt und leben mit ihren beiden Söhnen in Seattle.

Les & Leslie Parrott

Mehr Zeit für uns

Wie wir im hektischen Alltag miteinander verbunden bleiben

Übersetzt von Antje Balters

FSC

Mix

Produktgruppe aus vorbildlich
bewirtschafteten Wäldern und
anderen kontrollierten Herkünften

Zert.-Nr. SGS-COC-1940
www.fsc.org
© 1996 Forest Stewardship Council

Verlagsgruppe Random House FSC-DEU-0100
Das FSC-zertifizierte Papier *Super Snowbright* für dieses Buch
liefert Hellefoss AS, Hokksund, Norwegen.

Die amerikanische Originalausgabe
erschien im Verlag Zondervan, Grand Rapids, Michigan 49530
unter dem Titel „Your time-starved marriage".
© 2006 by Les & Leslie Parrott
© der deutschen Ausgabe 2010 by Gerth Medien GmbH, Asslar,
in der Verlagsgruppe Random House GmbH, München
Aus dem Englischen übersetzt von Antje Balters.

1. Auflage 2010
Bestell-Nr. 816 536
ISBN 978-3-86591-536-8

Umschlaggestaltung: spoon/Olaf Johannson
Umschlagfoto: Shutterstock
Satz: Die Feder Konzeption vor dem Druck, Wetzlar
Druck und Verarbeitung: GGP Media GmbH, Pößneck
Printed in Germany

Inhalt

Das hier sollte möglichst schnell gehen

Wir haben so viel Zeit und so wenig zu tun.
Streichen Sie das und kehren Sie es um.
Roald Dahl

Wenn Sie ein bisschen so sind wie wir, dann überspringen Sie bei manchen Büchern das Vorwort. Wieso sich mit einer langatmigen Einleitung herumschlagen, wo der Tag ohnehin schon viel zu vollgestopft ist, Terminpläne zu eng und Zeit zu kostbar.

Wenn Sie also dazu neigen, auf die Vorspeise zu verzichten und direkt zum Hauptgang eines Buches über den guten Umgang mit gemeinsamer Zeit weiterzugehen, dann wollen wir Sie auch gar nicht lange aufhalten. Wir möchten genauso gern wie Sie gleich zu den wirklich guten Sachen kommen.

Gestatten Sie uns, nur einfach noch zu sagen, dass dieses Buch für Paare konzipiert ist, die ständig unterwegs und auf dem Sprung sind. Wir wollten uns so kurz und knapp fassen, dass jedes Kapitel in einem Rutsch durchgelesen werden kann. Sie brauchen sich also nicht erst durch Wiederholungen oder irgendwelches Füllmaterial zu arbeiten, um den Kern dessen zu erkennen, was Sie tun können – beginnend mit dem heutigen Tag –, um wieder gemeinsame Augenblicke zu erleben, die Ihnen zurzeit sehr fehlen.

Les und Leslie Parrot
Seattle, Washington

Ein schneller Überblick

Teil 1 des Buches soll optimale Voraussetzungen dafür schaffen, dass ein Paar wieder fähig wird, sich mehr Zeit für seine Beziehung zu nehmen. In diesem Teil werden die Lügen aufgedeckt, die jedes Ehepaar glaubt, das immer zu wenig gemeinsame Zeit hat, und daran etwas ändern möchte. Außerdem zeigt das Kapitel auf, wie man den Erzfeind jeder Beziehung besiegen kann – nämlich ständig zu tun zu haben.

In Teil 2 möchten wir Ihnen am Anfang zeigen, wie Sie ganz persönlich und individuell mit Zeit umgehen. Die Wahrscheinlichkeit ist nämlich ziemlich groß, dass sich Ihr Stil im Umgang mit Zeit erheblich von dem Ihres Ehepartners unterscheidet. Außerdem wollen wir Ihnen schrittweise erklären, wie Sie zu mehr gemeinsamer Zeit gelangen und aus den wirklich wichtigen Momenten, auf die es am meisten ankommt, noch mehr machen können. Abschließend wollen wir in diesem Abschnitt die Zeiträuber stellen und zur Strecke bringen, die Ihrer Beziehung permanent zusetzen und deren Opfer Sie ja vielleicht schon geworden sind.

Teil 3 untersucht drei konkrete Bereiche, in denen die Wahrscheinlichkeit am größten ist, wieder mehr gemeinsame, bedeutsame Augenblicke zu erleben, die bisher zu kurz gekommen sind:

bei den Mahlzeiten, bei der Finanzplanung und in der Freizeit. Wenn Sie sich diese drei Bereiche einmal etwas genauer anschauen, werden Sie erschrocken darüber sein, wie viel freie Zeit Sie bisher einfach haben liegen lassen.

Am Ende jedes Kapitels finden Sie Fragen zur Reflexion. Die Beantwortung dieser Fragen ist nicht aufwendig und erfordert nur ein paar Minuten Zeit. Die Fragen sind ausdrücklich als Hilfestellung für Sie gedacht, den Stoff des Kapitels in Ihrer Beziehung auch ganz konkret anzuwenden.

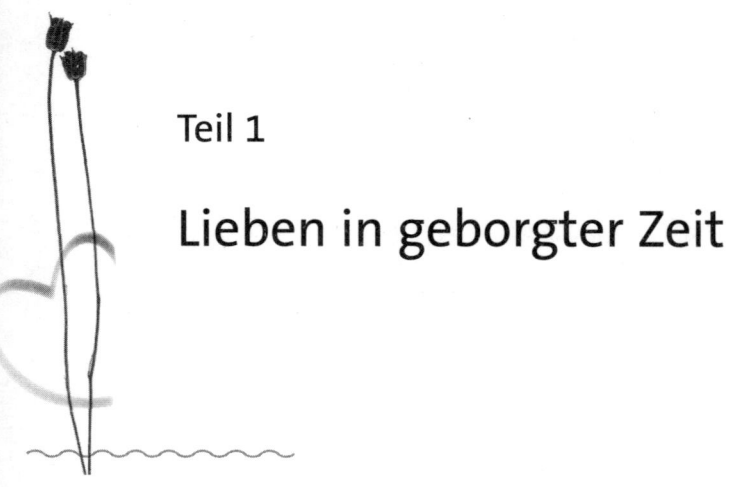

Teil 1

Lieben in geborgter Zeit

„Die meisten Neuerscheinungen werden innerhalb eines Jahres wieder vergessen", sagt Evan Esar, „besonders wenn es ausgeliehene Bücher sind." Nun, ob Sie das Buch, das Sie gerade zur Hand genommen haben, gekauft oder sich ausgeliehen haben, wir möchten gern, dass Sie sich an die darin enthaltenen Grundregeln länger als nur ein Jahr erinnern und sie auch länger anwenden. Wir glauben, dass es den Kurs Ihrer Beziehung nachhaltig verändern kann.

Es ist doch so: Die meisten verheirateten Paare leben und lieben in geborgter Zeit. Die „Primetime", also den wertvollsten Teil ihrer Zeit, verbringen sie „da draußen" und die Beziehung muss mit den zusammengekratzten Zeitresten, die zum Schluss übrig sind, auskommen. Dies geschieht allerdings immer mit der Hoffnung, das private Zeitdefizit mit geborgter Zeit aus der Zukunft ausgleichen zu können – das klingt dann folgendermaßen: Irgendwann machen wir das mal; morgen haben wir nicht so viel zu tun; irgendwann wird es bestimmt anders. Aber stimmt das wirklich?

Es gibt einen besseren Weg. Um es an dieser Stelle mit Shakespeare zu sagen: „Kein Borger sei und auch Verleiher nicht ... und Borgen stumpft der Wirtschaft Spitze ab." (Hamlet, erster Akt, dritte Szene. Lernen Sie also, ohne Zeitschulden zu leben und jeden gemeinsamen Augenblick auch wirklich in Besitz zu nehmen.

Kapitel 1

Hat jemand Zeit?

Zeit ist ein Gut, etwas, das man weiterreicht
wie einen Kuchen.
Zeit ist der Stoff, aus dem das Leben ist.
Antoinette Bosco

Zeit mag vielleicht keine Ware sein, aber sie ist für jedes Ehepaar das kostbarste Gut. Welche finanziellen und materiellen Mittel Sie auch immer angehäuft haben mögen, so wichtig wie die Zeit ist nichts von alledem. Und wenn Ihre eigene sprichwörtliche Kerze an beiden Enden brennt, dann wissen Sie sicher, was ich damit meine.

In unserer hektischen, stressigen Zeit, in der jeder permanent in Eile ist, steht jedes Paar, das wir kennen – einschließlich uns selbst – ständig unter Strom, um in noch weniger Zeit noch mehr zu schaffen. Die Ironie dabei ist jedoch, dass genau das am Ende dabei herauskommt: noch weniger Zeit.

Also springen wir, aus lauter Angst nicht mitzukommen, wieder zurück ins Hamsterrad. Es ist jedoch so, dass wir, um in diesem Rennen mit vorn zu liegen oder auch nur mithalten zu können, genau das vernachlässigen, was das Leben lebenswert macht: unsere Beziehungen – und ganz besonders unsere Ehe. Ein Leben auf der Überholspur bedeutet zwangsläufig, auch mit den Menschen, die wir lieben, weniger gemeinsame Zeit zu haben. Aber wo bleibt unsere Zeit denn eigentlich? Wir versuchen, sie zu schaffen, damit zu geizen, sie zu ergreifen, zu kaufen und zu borgen. Und trotzdem entzieht sie sich uns ständig.

Im Tempo des Lebens unterwegs sein

Wenn Paare den kompletten Zusammenbruch ihrer Kommunikation erlebt haben, berichten die meisten von ihnen, dass ihre Beziehung jetzt am dringendsten mehr Zeit füreinander nötig hätte. Gleichzeitig gibt es erstaunlich wenig Literatur darüber, wie man mehr Zeit füreinander finden kann. Als wir uns einmal im Zusammenhang mit unserer eigenen Beziehung intensiver mit diesem Thema beschäftigen wollten, konnten wir kein einziges Buch darüber finden. Nicht ein einziges.

Es gab zwar ziemlich viele Bücher für Ehepaare über Kommunikation, eine Fülle von Material über Sex und ein Überangebot an Ratgebern zum Thema Finanzen, aber auch nicht die winzigste Abhandlung darüber, wie Paare besser mit ihrer gemeinsamen Zeit umgehen können. Stephan Rechtschaffen, Autor des Buches *Zeit zum Leben – Den Augenblick genießen* muss wohl recht haben, wenn er sagt: „Wir denken viel mehr über unseren Umgang mit Geld nach, das erneuerbar ist, als darüber, wie wir unsere Zeit nutzen, die unersetzlich ist."[1]

> *Als Salomo sagte, dass alles seine Zeit hat und seinen Ort, war er noch nicht mit dem Problem konfrontiert, einen Parkplatz für sein Auto finden zu müssen.*
>
> Bob Edwards

Das ist doch seltsam, oder? Die gemeinsamen Augenblicke als Paar, die wir versäumen, sind ein für alle Mal vorbei. Unersetzlich. Unwiderruflich. Und dennoch gibt es – bis jetzt jedenfalls – kein einziges Buch für Paare, das einem dabei hilft, möglichst gut mit dieser unschätzbaren Ressource umzugehen. Und genau das hat uns dazu veranlasst, dieses Buch zu schreiben. Als Ehepaar sind wir fest entschlossen, uns die gemeinsame Zeit zurückzuholen, die wir als Paar so vermissen, und dann aus dieser gemeinsamen Zeit möglichst viel zu machen. Da Sie ja offenbar auch gerade mit der Lektüre dieses Buches beschäftigt sind, gehen wir davon aus, dass es Ihnen ähnlich geht.

Ja, wir möchten Sie sogar eindringlich darum bitten, genau in diesem Augenblick zu überlegen, wie Ihr Leben wohl aussähe, wenn Sie die Zeit auf Ihrer Seite hätten – das heißt, wenn Sie über Ihre Zeit bestimmen würden und nicht die Zeit über Sie. Versuchen Sie, dabei so konkret wie möglich zu sein, aber sprechen Sie nicht darüber, was Sie an Ihrem Terminkalender vielleicht ändern könnten. Daraus wird dann nämlich oft eine Nörgel- und Schmollsession. Konzentrieren Sie sich lieber darauf, welche emotionalen und beziehungstechnischen Folgen es für jeden von Ihnen hätte, wenn Sie dieses Monster, ständig zu tun zu haben, zur Strecke bringen könnten und mehr gemeinsame Zeit hätten. Anders ausgedrückt: Woran würden Sie eigentlich merken, dass Sie mehr aus Ihrer gemeinsamen Zeit machen?

Die Frage

Mario und Melissa leben beide auf der Überholspur und ihre Beziehung stand dadurch gefährlich kurz vor dem Kollaps, als sie zu uns in die Beratung kamen.

„Wir fühlen uns wie Fremde", berichteten sie. „Wir haben zwar dieselbe Adresse und schlafen im selben Bett, aber unsere Beziehung ist zu einer Art Boxenstopp verkommen, an dem das Benzin ausgegangen ist."

Mario und Melissa war bewusst, dass sie mit fast leerem Tank fuhren. Und das hatte zur Folge, dass Melissa sich isoliert und einsam fühlte und häufig sagte: „Ich fühle mich total allein. Mario ist in letzter Zeit mit mir immer öfter ungeduldig und kurz angebunden, und deshalb ziehe ich mich mehr und mehr zurück."

Mario dagegen fühlte sich völlig überfordert und empfand es oft so, dass nur ständig an ihm herumgenörgelt wurde. Er äußerte uns gegenüber: „Melissa begreift gar nicht, wie stark ich beruflich unter Druck stehe, und deshalb erzähle ich ihr einfach nichts mehr davon."

Sie zankten sich noch ein wenig darüber, wie sie die Versorgung der Kinder gerechter aufteilen könnten, und jammerten und beklagten sich, dass sie generell einfach nicht genug Zeit hätten. Bevor das Gespräch eskalierte, griffen wir ein, indem wir ihnen folgende Frage stellten: „Woran würden Sie erkennen, dass Sie mehr aus Ihrer gemeinsamen Zeit machen?" Und augenblicklich wurde es völlig still im Raum. Wir gaben beiden jeweils einen

Stift und Zettel und baten sie, diese Frage schriftlich zu beantworten.

„Das brauche ich gar nicht aufzuschreiben", sagte Mario und legte den Zettel weg. „Die Antwort kann ich Ihnen so sagen: Wir machen das Beste aus unserer gemeinsamen Zeit, wenn wir uns beide verstanden fühlen und beide das Gefühl haben, im selben Team zu sein."

Melissa stimmte ihm zu. „Ja, das stimmt ... so wie es war, als wir noch nicht nonstopp zu tun hatten."

Als Nächstes versuchten wir sie zu motivieren, ihre Antworten ein wenig zu konkretisieren. Wir forderten die beiden auf, ganz konkret zu sagen, wann sie dieses Gefühl das letzte Mal gehabt hätten und wie es zu solchen Momenten beziehungsweise Phasen gekommen sei. Übereinstimmend antworteten sie, dass diese Erfahrung mit dem Gefühl verbunden sei, komplett für den anderen da zu sein und vom anderen auch ganz wahrgenommen zu werden. Sie wollten sich nicht vom anderen beschuldigt oder verurteilt fühlen, sondern wieder miteinander Tennis spielen, mehr lachen und ihr Zusammensein einfach genießen.

Schon allein darüber zu sprechen, welche positiven Auswirkungen eine Verbesserung ihrer gemeinsamen Zeit haben könnte, bewirkte, dass es ihnen erreichbarer schien.

Deshalb machen wir auch Ihnen, liebe Leser, den Vorschlag, sich gleich jetzt ein bisschen Zeit zu nehmen, um es Mario und Melissa nachzutun. Werden Sie konkret bei der Antwort auf die Frage, wie Ihr gemeinsames Leben wohl aussähe, wenn Sie mehr gemeinsame Zeit hätten. Je konkreter Sie dabei sein können, desto besser. Und betrachten Sie Ihre Antwort als einen von vielen Schritten in einem fortlaufenden Prozess. In den folgenden Kapiteln werden Sie Ihre Antwort dann noch ein wenig eingehender konkretisieren.

Sie brauchen keine Angst zu haben

Wir möchten mögliche unnötige Befürchtungen über diesen Prozess gleich von vornherein ausräumen. In dem vorliegenden Buch geht es nicht darum, noch leistungsfähiger zu werden, noch mehr zu schaffen – sondern darum, intensiver miteinander in Verbindung zu sein. Es geht auch nicht darum, sich nostalgisch in ein vorindustrielles Zeitalter zurückzuwünschen, in dem ein langsameres Lebenstempo vermeintlich auf romantische Weise alle Eheprobleme löste. Dies ist ein Buch über das real existierende Leben in einer real existierenden Welt. Es wurde geschrieben von einem schwer beschäftigten Ehepaar mit zwei kleinen Kindern, Vielfliegern, deren Kontakt häufig nur mithilfe der Kurzwahltaste des Handys oder SMS aufrechterhalten wird, deren Lebenstempo rasant ist und die ständig mit Terminen jonglieren müssen. Anders ausgedrückt, wenn Sie die unausgesprochene Befürchtung hegen, dass wir Sie auffordern könnten, etwas Radikales zu tun, wodurch Sie vielleicht im Laufe dieses Prozesses etwas von Ihrer Leistungsfähigkeit einbüßen könnten, und Ihnen dann auch noch Schuldgefühle einflößen, wenn Sie dazu nicht bereit sind, dann können Sie sich entspannen. Wir wollen Ihnen nur dabei helfen, besser miteinander in Kontakt zu bleiben, während Sie in diesem rasanten Tempo leben.

Das Leben vergeht ziemlich schnell. Wenn man nicht hin und wieder anhält, um es zu genießen, dann geht es an einem vorbei.
Ferris Fuller

Und wir freuen uns schon darauf, Ihnen die Geheimnisse zu verraten, die wir bezüglich funktionierender Methoden gelüftet haben. Nachdem wir uns zahlreiche Untersuchungen angeschaut, Experten befragt und Techniken ausprobiert haben, glauben wir, dass wir ein Programm entwickelt haben, mit Hilfe dessen Sie sich die gemeinsamen Augenblicke zurückerobern können, die Sie zurzeit so sehr vermissen.

Ob Sie in einem so atemlosen Tempo leben, dass Sie sich ständig am Rande der Erschöpfung befinden, oder ob Sie einfach auf der Suche nach neuen und praktikablen Möglichkeiten und Methoden sind, miteinander in Verbindung zu bleiben – wir möchten Ihnen das nötige Handwerkszeug vermitteln, um Ihre Beziehung zu pflegen und mehr aus Ihrer gemeinsamen Zeit zu machen.

Nachgedacht

◎ Kennen Sie das, ständig in Hetze zu sein, um noch mehr Dinge noch schneller zu schaffen, nur um dann festzustellen, dass Sie hinterher noch weniger Zeit zur Verfügung haben? Wenn ja, woran liegt das Ihrer Meinung nach?

◎ Es gibt kaum Literatur darüber, wie man als Ehepaar seine Zeit am besten einteilen kann. Haben Sie eine Idee, woran das liegen könnte? Welches war der beste Rat in Bezug auf Zeitmanagement, den Sie als Ehepaar jemals bekommen haben?

◎ Woran merken Sie, dass Sie Ihre gemeinsame Zeit verbessert haben? Antworten Sie so konkret wie möglich.

Kapitel 2

Findet Ihre Ehe immer mehr in der Zukunft statt?

Die Liebe muss gehegt und gepflegt werden ...
und das erfordert in erster Linie
und mehr als alles andere Zeit.
David Mace

Im Jahr 1973 gab es einen Song von Jim Croce, der von jedem Radiosender schier endlos gespielt wurde. *Time in a Bottle* (Zeit in der Flasche) war im Herbst dieses Jahres wochenlang ein Nummer-eins-Hit. In dem Lied singt Jim Croce davon, wie sehr er sich wünscht, etwas tun zu können, damit die gemeinsame Zeit mit seiner Frau ewig andauert. Und der Refrain des Liedes, der wirklich zum Ohrwurm werden kann, erinnerte daran, dass man wohl nie genügend gemeinsame Zeit mit dem Menschen hat, den man liebt.

Das für Croce persönlich Tragische dieses Songs konnte bei seinem Erscheinen noch niemand ahnen. Nur wenige Tage später, am 20. September 1973, startete Jim Croces kleine Propellermaschine auf einer Startbahn in Louisiana und streifte dabei eine Baumspitze am Ende der schlecht beleuchteten Piste. Das Flugzeug stürzte ab und Jim und die fünf anderen Insassen des Flugzeugs kamen ums Leben.

Jim hinterließ seine Frau Ingrid und einen Sohn im Säuglingsalter, der zudem noch fast blind war, sowie dieses Lied, das die Witwe in dem besagten Jahr und auch danach ständig und überall gehört haben muss, weil es so viel gespielt wurde.

Heute führt Ingrid ein Restaurant in San Diego. Es heißt *Croce's* und an einer der Wände dort befindet sich ein überlebensgroßes Wandgemälde – ein Porträt von Jim. „Für mich ist es eine beständige Erinnerung", hat Ingrid einmal zu einem Journalisten gesagt. „Es mahnt mich, mir stets dessen bewusst zu sein, wie zerbrechlich das Leben ist und dass wir die Zeit, die wir zusammen mit den Menschen haben, die wir lieben, nicht als Selbstverständlichkeit betrachten dürfen."

Viele von Jim Croces Songs handeln von unseren kläglichen Versuchen, zurückzublicken und nach einer Vergangenheit zu greifen, die schon längst entwischt ist. Dabei fallen einem sofort Songs wie „Operator" oder „I Got a Name" ein. In seinem kurzen Leben, das nur dreißig Jahre dauerte, hatte Jim Croce bereits begriffen, was Zeit bedeutet und welch wichtiger Bezug zwischen Zeit und der Beziehung zu unseren Liebsten besteht.

Mit Sicherheit ist auch Ihnen absolut bewusst, wie vergänglich die Zeit ist und dass sie viel zu schnell vergeht. Wenn wir Zeit in einer Flasche aufbewahren könnten, dann wüssten wir ganz genau, was wir damit tun würden. Und trotzdem vergeuden wir immer wieder Zeit, die uns jeden Tag neu geschenkt wird.

> *Hüte deine freien Augenblicke. Sie sind wie ungeschliffene Diamanten. Wenn du sie fortwirfst, wird ihr wahrer Wert niemals entdeckt werden. Wenn du sie aber gut behandelst, werden sie zu den strahlendsten Edelsteinen in einem guten Leben.*
> Ralph Waldo Emerson

Sich auf Zeit vorbereiten, die schon längst da ist

Wieso vergeuden wir offenbar genau das, was wir eigentlich sparen möchten? Weil wir meistens so sehr damit beschäftigt sind, an die Zukunft zu denken und uns darauf vorzubereiten, dass wir den aktuellen Augenblick verpassen. Das haben wir schon ziemlich früh in unserer Ehe gemerkt.

Als wir frisch verheiratet waren, studierten wir beide noch und wohnten in einer winzigen Wohnung in Südkalifornien. In eine Ecke des größten (und eigentlich auch einzigen) Zimmers gequetscht, stand ein Schreibtisch mit einem Computer, an dem wir unmäßig viel Zeit verbrachten. Tag und Nacht saß eigentlich immer einer von uns dort und arbeitete gerade an einer Hausarbeit oder an der Dissertation. Oben am Computerbildschirm klebte ein kleiner Zettel mit einem Zitat von Abraham Maslow, das wir an diese exponierte Stelle geklebt hatten, damit wir es immer im Blick hatten.

Es lautete:

Manche Leute verbringen ihr gesamtes Leben damit,
sich endlos aufs Leben vorzubereiten.

Warum gerade dieses Zitat? Weil Leslie und ich gerade ein anspruchsvolles und anstrengendes Studium begonnen hatten, das sechs Jahre dauern würde, und weil wir wussten, dass wir für eine bestimmte Falle anfällig waren, nämlich das Leben aufzuschieben, bis die anstrengende und langwierige Aufgabe abgeschlossen war. „Wenn wir erst mal unser Examen haben ...", war ein Refrain, den wir immer wieder versucht waren zu singen. „Wenn wir erst mal Examen haben, dann machen wir richtig Urlaub, ... dann haben wir Zeit zum Spazierengehen, ... dann haben wir genug Zeit, um auf eine gesündere Ernährung zu achten, ... dann können wir uns wieder mehr auf unsere Beziehung konzentrieren, ... dann werden wir das Leben so richtig genießen."

Natürlich muss man keine Doktorarbeit schreiben, um sich mit solch leeren Versprechungen selbst zu betrügen.

Als wir dann unser Studium abgeschlossen hatten, war die Versuchung nicht weg, sondern ging einfach in die nächste Phase über: „Wenn wir erst mal einen Job haben" oder „Wenn wir erst mal unsere Studiendarlehen abbezahlt haben" oder „Wenn wir erst einmal ein eigenes Haus haben"? Sie kennen das doch sicher auch, oder? Wie fast jedes Ehepaar waren auch wir anfällig dafür, unser Leben als Paar endlos weiter aufzuschieben, weil wir ständig weiter für die Zukunft lebten.

Wir kennen das doch alle. Wenn Sie ehrlich sind, dann waren Sie doch sicher auch schon versucht, Ihr Leben aufzuschieben und Ihre gemeinsame Zeit immer wieder zu vertagen, weil irgendein wichtiger Meilenstein erst erreicht werden musste und Ihnen dabei im Weg stand. Und vielleicht ist es sogar immer noch so. Kommt Ihnen eine der folgenden Aussagen irgendwie bekannt vor?

- ◎ Wenn die Kinder erst größer sind ...
- ◎ Wenn ich erst meine Gehaltserhöhung habe ...
- ◎ Wenn erst das neue Haus fertig ist ...
- ◎ Wenn ich erst meinen Job gekündigt habe ...

Oder wenn Sie Ihr Leben nicht aufschieben, weil Sie immer noch mit den Vorbereitungen darauf beschäftigt sind, dann haben Sie sich vielleicht schon mal auf der sprichwörtlichen Insel „Irgendwann" wiedergefunden – das ist eine schöne Umschreibung für einen Karibikurlaub, der nie stattfinden wird. „Irgendwann habe ich bestimmt mehr freie Zeit." „Irgendwann machen wir zusammen eine große Reise." „Irgendwann baue ich uns die Veranda, die wir uns schon immer gewünscht haben." „Irgendwann ..."

> *Sagen Sie nicht, Sie hätten nicht genug Zeit. Sie haben genau dieselbe Anzahl von Stunden pro Tag wie Helen Keller, Michelangelo, Mutter Teresa, Leonardo da Vinci, Thomas Jefferson und Albert Einstein.*
> H. Jackson Brown jr.

Es heißt, dass das traurigste Wort in unserer Sprache *irgendwann* ist. Warum ist das so? Weil aus irgendwann oft „hätte ich nur" wird. Und „hätte ich nur" ist unsere Reaktion auf Zeit, die wir nicht zurückholen können: „Wenn wir uns doch mehr freie Zeit genommen hätten." „Hätten wir doch nur diese Reise gemacht." „Hätten wir doch nur die Veranda gebaut, die wir uns immer gewünscht haben." „Ach, hätten wir nur ..."

Genau dieser Augenblick, in dem aus „irgendwann" ein „hätten wir doch nur" wird, ist es, in dem Ihre Ehe ganz still und leise in die Zukunft rutscht und Sie sich fragen, wie um alles in der Welt Sie das zulassen konnten. Wie konnten Sie nur die Zeit, ganz zu schweigen von Ihrer Beziehung, für selbstverständlich halten.

Vielleicht liegt der Unterschied zwischen Ehepaaren, die erfüllte und glückliche Ehen führen und allen anderen Ehen lediglich in ihrem behutsamen, liebevollen Umgang mit der Zeit. Sie setzen sie klug ein. Sie wissen um den Wert gemeinsam verbrachter Zeit und sind deshalb entschlossen, sie nicht zu vergeuden. Sie wissen, dass jeder Augenblick, so flüchtig und vergänglich er auch sein mag, für sie als Ehepaar kostbar ist, und sind dankbar für die Chance, das Beste daraus zu machen. Sie haben begriffen, was vielen Paaren offenbar nicht klar ist: dass nur Zeit den Luxus bietet, schöne Erinnerungen zu schaffen. Und sie sind fest entschlossen, davon so viele wie möglich zu sammeln.

Zeitgeprüft

Wenn wir gemeinsame Zeit als Paar wiedergewinnen wollen, dann besteht der erste Schritt darin, uns klarzumachen, dass das Leben jetzt geschieht. Nicht irgendwann. Nicht erst dann, wenn irgendetwas geschafft oder eine bestimmte Phase vorüber ist. Es passiert heute. Das, was jetzt gerade geschieht, das ist es.

Diese eigentlich doch offensichtliche Tatsache ist Paaren, deren Ehe nach mehr Zeit lechzt, nicht klar. Sie glauben, dass das Leben gleich hinter der nächsten Ecke auf sie wartet; sie sind schon fast da, haben es fast geschafft, aber eben noch nicht ganz. Sie leben in einem Zustand der Selbsttäuschung, der durch zwei Lügen gekennzeichnet ist:

1. Man kann die Zeit anhalten.
2. Man kann Zeit sparen.

Wenn uns diese beiden falschen Überzeugungen vor die Nase gehalten werden, dann ist das für ein Paar ein Zeittest. Wenn wir sie einfach schlucken, ohne nachzudenken, dann sind wir durchgefallen. Wenn wir sehen, wie absurd diese Lügen sind, dann haben wir bestanden. Lassen Sie uns einmal beide Lügen kurz anschauen.

Lüge 1: Man kann die Zeit anhalten

„Die Zeit schreitet voran." Haben Sie diese Redensart schon einmal gehört? Nun, in einer Ehe, die nach Zeit lechzt, hört man sie jedenfalls nicht. Betroffene Paare sind nämlich überzeugt davon, dass sie in ihrem Leben die Möglichkeit besitzen, die Pausetaste zu drücken. Natürlich nicht im wörtlichen Sinne, aber in Bezug auf Beziehungen und Gefühle. Sie glauben zum Beispiel, dass sie ihre Ehe in einer besonders romantischen Phase auf Standbild schalten können, ohne zu merken, dass die Liebe wie ein Strom fließt, in den man nie mehrmals an exakt derselben Stelle hineinspringen kann.

Oder sie betrachten ihre Liebe wie einen Rosenstrauch, von dem sie glauben, dass er immer in voller Blüte stehen wird, und dann sind sie völlig schockiert, wenn sie feststellen, dass die Blüten am Stiel verwelken. Ihnen ist noch gar nicht klar, dass wahre Liebe ein langer Weg ist, der sich unterwegs verändert. Denn auch die Liebe hat ihre Jahreszeiten.

Manche dieser Paare versuchen vielleicht auch die Zeit anzuhalten wegen eines größeren Projektes, wegen eines Zieles, das erreicht werden soll, einer langwierigen Aufgabe oder Verpflichtung, und legen deshalb ihre Beziehung erst einmal auf Eis. Aber auch dann ist es so, dass sie die Beziehung nicht nach einer Woche, einem Monat oder einem Jahr einfach dort wieder aufnehmen und fortsetzen können, wo sie damals aufgehört haben. Zeit vergeht nun einmal.

Vor einiger Zeit rief uns der kommandierende Offizier eines Bataillons aus dem Irak an und fragte uns, ob wir bereit wären, vor den heimkehrenden Soldaten etwas zum Thema Wiedereingliederung zu sagen. Wir nahmen diese Einladung gerne an. In unserer Ansprache vor den Soldatinnen und Soldaten in Camp Pendleton ging es darum, dass ein Mensch, den man seit sechs Monaten nicht gesehen hat, nicht mehr derselbe Mensch ist, von dem man sich ein halbes Jahr zuvor verabschiedet hat. Ob es die Soldaten in einem Kampfgebiet sind oder deren Ehepartner zu Hause, beide Seiten verändern sich während der Zeit, die sie getrennt verbringen. Es sei jetzt ihre Aufgabe als Paar, so sagten wir,

24

sich wieder neu kennenzulernen. Das Leben hat sich verändert. Sie beide haben sich verändert. Wenn sich nicht auch die Erwartungen entsprechend verändern, dann kann es ein ziemlich holpriges Wiedersehen werden.

Wie auch immer die Umstände sein mögen, Paare, die diese grundlegende Tatsache nicht begreifen, bringen oft irgendwann die ziemlich abgedroschene Entschuldigung vor: „Wir haben uns eben auseinandergelebt." Tatsache ist aber, dass Paare sich nicht auseinanderleben. Sie leben einfach und entwickeln sich dabei weiter und entweder sie entscheiden sich dafür, einander in diesem Prozess Raum zu lassen oder eben nicht. Einzelpersonen verändern sich, es entwickeln sich Interessen, es bieten sich Chancen oder es kommt zu Krisen. Dass die Zeit vergeht, ist eine Garantie für Veränderung. Und die Zeit kann man nicht anhalten.

Mythos 2: Man kann Zeit sparen

In einer Umfrage der Zeitung *USA Today* wurde eine Gruppe von Müttern gefragt, was sie am allermeisten bräuchten.[1] Die häufigste Antwort auf diese Frage lautete: „Mehr Zeit pro Tag." Geld war erst der vierte Punkt auf der Liste hinter Geduld und Respekt. Das leuchtet absolut ein. Die Mütter wählten als das, was sie am dringendsten brauchten, das Einzige, was unwiederbringlich und nicht erneuerbar ist. Schließlich gibt es Möglichkeiten, mehr Geld zu verdienen, Charaktereigenschaften wie beispielsweise Geduld kann man entwickeln, man kann sogar etwas tun, um den Respekt anderer zu gewinnen. Aber einfach mehr Zeit haben, das geht nicht. Königin Elizabeth hat dazu einmal gesagt: „Ich würde meinen ganzen Besitz hergeben für einen Augenblick Zeit."

Kein Mensch bekommt mehr Zeit zur Verfügung als ein anderer, so vermögend und einflussreich man auch sein mag. Jeder von uns bekommt exakt dieselbe Menge und zwar 1440 Minuten pro Tag. Sind diese Minuten vorbei, dann war's das. Einen Nachschlag gibt es nicht. Man kann sie auch nicht zurückholen. Man kann sie nicht auf Pump bekommen und sich auch nichts für den nächsten Tag aufsparen. Zeit ist nicht erneuerbar; nicht eine einzige Minute seines Lebens kann man ruhen lassen oder mehr als einmal leben.

Diese Tatsache hindert jedoch manche Ehepaare, die sich mehr Zeit füreinander wünschen, nicht daran, es trotzdem zu versuchen. Sie unterliegen dem Irrtum, dass sie, wenn sie jetzt besonders hart arbeiten, dadurch mehr „Ehezeit" für später ansammeln können. Aber so funktioniert das Leben nun mal nicht. Die Zeit, die wir „sparen", wird unweigerlich von noch mehr Arbeit aufgezehrt. Und auch Liebe funktioniert nicht so.

Man kann keine Augenblicke sparen, in denen man eng miteinander verbunden ist, und sie dann quasi vom Zeitkonto abheben, wenn der richtige Zeitpunkt dafür gekommen ist.

Zeit gleitet einem zwischen den Fingern hindurch wie eine gut geölte Kette.
James Dobson

Das ist ungefähr so absurd, wie zu glauben, dass man ein paar Wochen lang ohne Schlaf und Essen auskommt und dann das Schlafen und Essen nachholen kann, wenn man „mehr Zeit" dafür hat. Ein Körper muss täglich versorgt werden, und dasselbe gilt für unsere Ehe. Erst wenn wir diese Tatsache akzeptieren, können wir unsere vergeblichen Versuche einstellen, Zeit für romantische Augenblicke für Zeiten aufzusparen, in denen wir mehr Platz in unserem Terminkalender haben.

Gut verbrachte Zeit

Vor ein paar Jahren haben wir ein Büchlein mit dem Titel *The Love List* (Die Liebesliste) geschrieben. Es ist ein ganz einfacher Plan zur Pflege einer Ehe. In diesem Buch schreiben wir, dass ein Paar an jedem Tag seiner Ehe zwei Dinge tun soll, jede Woche zwei Dinge, jeden Monat zwei und jedes Jahr zwei. Eines der Dinge, die ein Paar täglich tun sollte, ist, etwas zu finden, worüber beide lachen können. Es ist wichtig, den Humor des Ehepartners zu erforschen und die Beziehung täglich mit einer Dosis Humor zu versorgen.

Wir haben gerade zu dieser Aussage unzählige E-Mails dankbarer Leser mit Geschichten bekommen, wie dieser ganz einfache

Rat geholfen hat. „Unsere Ehe war eigentlich immer ganz gut", schrieb Lisa. „Aber als wir dann angefangen haben, uns an der *Liebesliste* zu orientieren und gemeinsames Lachen wie eine Art tägliche Vitaminzufuhr zu betrachten, da hat unsere Beziehung noch einmal ein ganz neues Level erreicht." Und dann schilderte Lisa, wie ihr Mann und sie täglich eine Art Wettstreit austragen, wer den komischsten Witz oder das witzigste Bild oder was auch immer findet, um den anderen zum Lachen zu bringen. „Damals haben wir das immer nach einem langen und anstrengenden Arbeitstag beim Essen gemacht, aber inzwischen lachen wir schon vor dem Abendessen auf dem Weg zum Esstisch. Es hat unserer Beziehung einen ganz neuen Aspekt gegeben."

Wir können auf ganz unterschiedliche Weise mit unserer gemeinsamen Zeit umgehen. Jeden einzelnen Augenblick haben wir wieder die Wahl. Wir haben die Freiheit, jeden Augenblick entweder lachend oder eben nicht lachend zu verbringen. Der Dichter Carl Sandburg formuliert das so: „Zeit ist die wertvollste Münze in unserem Leben. Und du allein bestimmst, wofür sie ausgegeben wird."

Setzen Sie Ihre Zeit so ein, dass sie hohe Dividenden abwirft, oder versickern Ihre wertvollen Momente einfach unbemerkt? Wie Sie Ihre Zeit verbringen, verrät mehr über Sie als vieles andere. Ja, wie Sie Ihre Zeit verbringen, definiert nicht nur Sie als Person, sondern es definiert auch Ihre Ehe. Wie viel Zeit Sie miteinander verbringen wollen und wie Sie dies tatsächlich tun, macht den Wert Ihrer Beziehung deutlich. Wenn Sie Ihre Zeit klug einsetzen, dann nimmt der Wert Ihrer Ehe zu. Wenn nicht, dann verschwenden Sie nicht nur Zeit, sondern auch Ihre Ehe.

In seinem Buch *Time Bind* (Das Dilemma mit der Zeit) untersucht Arie Hochschild eine der 500 umsatzstärksten Firmen der USA und stellt dabei einen überraschenden Trend fest: Trotz familienfreundlicher Firmenpolitik verbringen die Angestellten freiwillig mehr und nicht weniger Zeit im Büro.[2] Im Laufe der vergangenen zwanzig Jahre hat der durchschnittliche Arbeitnehmer sein Arbeitspensum um 164 Stunden pro Jahr erhöht und den Urlaub um 14 Prozent gekürzt. Die meisten Arbeitnehmer nahmen nicht einmal alle Urlaubstage, die ihnen zustanden.

Hochschild behauptet, dass Amerikaner nicht wegen des Geldes Überstunden machen oder aus Angst um ihren Arbeitsplatz, sondern dem Durchschnittsarbeitnehmer macht es gar nichts aus, dass ihn die Arbeit Zeit kostet, die er eigentlich zu Hause verbringen könnte. Anscheinend gibt es irgendwo zwischen „Ich wünsche dir einen schönen Tag, Liebling" und „Ich bin wieder da, Liebling" eine Art Rollenumkehrung zwischen zu Hause und Arbeitsplatz. Dank der Firmenphilosophien des zwanzigsten Jahrhunderts, die hohen Wert auf Aspekte wie beispielsweise Corporate Identity legen, durch die eine persönliche Identifikation des Arbeitnehmers mit der Firma gestärkt werden soll, wird der Arbeitsplatz zunehmend schön und behaglich, während das Zuhause mit Windeln und schmutzigem Geschirr immer mehr als stressig und hektisch empfunden wird. Eine der von Hochschild befragten Personen sagte zu diesem Punkt: „Ich gehe zur Arbeit, um zu entspannen."

Wenn Ihnen dieses Gefühl vielleicht ein ganz klein wenig zu bekannt vorkommt, dann könnte es an der Zeit sein, sich das zurückzuholen, was Ihnen fehlt. Es ist Zeit, einen wundervollen Rückzugsort wiederzuentdecken: Ihr Zuhause.

Zeit ist das, was man daraus macht

Ich (Leslie) habe vor ungefähr zehn Jahren etwas Wichtiges gelernt. Das Telefon klingelte immer sonntagnachmittags, wenn ich mich eigentlich entspannen und meinen inneren Akku wieder aufladen wollte. Jedes Mal, wenn das Telefon klingelte, ging ich hin und war dann gereizt und ärgerte mich über die Person, die angerufen hatte. Eines Sonntags sagte Les nach einem solchen Telefonat zu mir: „Wenn du nicht telefonieren möchtest, warum gehst du dann eigentlich dran?"

> *Liebst du das Leben? Dann vergeude keine Zeit, denn sie ist der Stoff, aus dem das Leben gemacht ist.*
> Benjamin Franklin

Ein Aha-Erlebnis: Nur weil das Telefon klingelt, muss man noch längst nicht darauf reagieren.

Es liegt ganz bei uns, was wir mit unserer Zeit anfangen. Wir haben die Kontrolle darüber, selbst wenn es uns oft anders vorkommt. Unsere Entscheidungen – und zwar Augenblick für Augenblick – sind das Steuerruder, das lenkt, wohin wir gehen und was wir tun.

Ein Journalist fragte einmal den amerikanischen Präsidenten Theodore Roosevelt, mit wem er am liebsten Zeit verbrächte. Der Präsident antwortete darauf, dass er lieber Zeit mit seiner Frau verbrächte als mit jedem namhaften Prominenten dieser Welt. Roosevelt hatte etwas begriffen, was jedes Paar lernen muss, das sich mehr Zeit füreinander wünscht: Zeit ist das, was wir daraus machen. Und jedes der noch folgenden Kapitel in diesem Buch soll zeigen, wie man möglichst viel daraus machen kann.

Nachgedacht

◎ Inwiefern beziehungsweise auf welche Art verbringen Sie Ihr Leben damit, „sich endlos aufs eigentliche Leben vorzubereiten?" Anders ausgedrückt, wann haben Sie Ihr Leben schon einmal „angehalten", bis ein bestimmter Meilenstein erreicht war? Wenn Sie noch einmal in dieser Situation wären, was würden Sie dann anders machen?

◎ Wenn Sie einmal an die vergangenen Wochen zurückdenken, welche Entscheidungen haben Sie getroffen, um Ihre gemeinsame Zeit auf eine Weise zu verbessern, die für Sie bedeutsam (nicht unbedingt produktiv) war?

Kapitel 3

Ständig beschäftigt sein:
Der Erzfeind jeder Ehe

Wenn Sie sich schnell vom Stress befreien möchten,
machen Sie langsam.
Lily Tomlin

Niemand geht mehr ans Telefon. Sie „lassen den Anrufbeantworter drangehen", um Zeit zu sparen. Und wenn Sie lange genug Zeit haben, dann werden sie Ihnen erzählen, was Sie noch alles bis morgen oder bis zum Abendessen oder bis die Kinder nach Hause kommen zu erledigen haben. Sie müssen noch den Haushalt machen, auf der Arbeit eine Terminsache pünktlich fertig bekommen, die Kinder müssen zum Fußballtraining und/oder Spielen gebracht werden, es müssen noch Sachen bei der Reinigung abgeholt werden und dann ist da auch noch der Bauch-Beine-Po-Kurs im Fitnessstudio, für den man sich angemeldet hat. Ein Freund von uns sagt immer gern: „Wir sind alle so beschäftigt wie der Ellenbogen eines Geigers."

Der Arzt Larry Dossey hat im Jahr 1982 den Begriff der „Time Sickness", der Zeitkrankheit, geprägt als Bezeichnung für die geradezu zwanghafte Überzeugung, dass „die Zeit wegläuft, dass nicht genug davon vorhanden ist und dass wir immer schneller strampeln müssen, um mitzukommen."[1]

Nach dieser Definition sind wir wohl alle „zeitkrank". Wer ist denn nicht ständig beschäftigt und in Eile?

Vor fast zwanzig Jahren, als wir gerade geheiratet hatten und in Pasadena lebten, waren wir Mitglied in derselben Gemeinde wie der Psychologe und Familientherapeut James Dobson. Eines Sonntagmorgens hielt er in einem Kurs für frisch verheiratete Paare einen Gastvortrag und sagte etwas, wodurch er garantiert die Aufmerksamkeit jedes frisch gebackenen Ehepaares im Raum hatte: „Überengagement und Erschöpfung sind die heimtückischsten und weitverbreitetsten Ehekiller, mit denen Sie es als Ehepaar zu tun bekommen werden." Diese Aussage haben wir nie vergessen. Ja, wir arbeiten seitdem sogar ständig daran, nicht permanent beschäftigt zu sein. Wenn einem erst einmal bewusst wird, wie viel Schaden das in einer Ehe anrichten kann, dann merkt man auch erst, wie viel oder wie wenig Zeit man täglich miteinander verbringt.

Laut einer Umfrage der amerikanischen Zeitschrift *Marriage Partnership*[2] verbringen Paare nach eigenen Angaben täglich so viel Zeit miteinander:

Weniger als 1 Stunde:	23 Prozent
1–2 Stunden:	28 Prozent
3–4 Stunden:	26 Prozent
Mehr als 4 Stunden:	22 Prozent

Die Verteilung zwischen weniger als einer Stunde und mehr als vier Stunden ist fast gleich. Wo befinden wir uns also auf dieser Skala?

> *Das große Paradoxon unserer Zeit besteht darin, dass so viele Menschen gleichzeitig ständig beschäftigt und gelangweilt sind.*
> Henri Nouwen

Vielleicht genügt es ja fürs Erste festzustellen, dass wir alle permanent beschäftigt sind und dass dieser Umstand unseren Ehen gar nicht guttut.

Sosehr wir uns auch bemühen, Zeit zu stehlen, sie in die Länge zu ziehen oder sie zurechtzubiegen, wir stellen am Ende doch immer wieder fest, dass wir um ein bestimmtes mathematisches Gesetz einfach nicht herumkommen: Aufgaben, für deren Erledigung 32 Stunden nötig sind, lassen sich nicht in einen 24-Stunden-Tag quetschen. Wir haben viel zu tun und sind deshalb ständig beschäftigt. Das ist eine unbestrittene Tatsache.

Die Frage ist: „Wie beschäftigt sind Sie?" Nein, das stellen wir noch einmal zurück. Die eigentliche Frage – die eine, an der dieses Kapitel sich aufhängt – lautet: „Womit sind Sie ständig beschäftigt?"

Was passiert mit unserer Ehe, wenn wir pausenlos beschäftigt sind?

Eine kürzlich an der University of Chicago durchgeführte Untersuchung hat ergeben, dass verheiratete Paare insgesamt glücklicher, gesünder und reicher sind als unverheiratete Menschen.[3] Das stimmt. Soziologen haben jahrzehntelang Zahlenmaterial gesammelt und ausgewertet und genau untersucht, was mit Menschen geschieht, die heiraten. Was dabei herauskommt, ist durchaus positiv. Sehr positiv sogar. Aber diese Wissenschaftler wissen auch, dass wenn eine Ehe dadurch belastet wird, dass beide Partner ständig beschäftigt sind, es irgendwann zu Ermüdungsbrüchen kommt. Wie sehen diese aus? Hier ein paar der gängigsten negativen Auswirkungen, die es auf eine Ehe hat, wenn die Partner permanent beschäftigt sind.

Ständig beschäftigt zu sein, verdirbt Ihre Gespräche

Kürzlich haben wir von unserem Freund Greg Stielstra eine E-Mail bekommen, in der er uns mitteilt, dass er und seine Frau sich bei der Bewältigung eines Haushaltes mit drei Kindern eher wie Fluglotsen fühlen als wie Ehepartner. Er schreibt, dass sie kaum Gelegenheit hätten, wirklich miteinander zu reden, weil so viel Zeit dafür draufgehe, Termine zu koordinieren und die Kinder zu den unterschiedlichsten Aktivitäten und Verabredungen zu kutschieren. Ihr Gespräch bestünde in erster Linie aus Sätzen wie: „Nächsten Dienstag haben die Kinder früher Schulschluss. Einer von uns muss also zu Hause sein und Dominic zum Fußballtraining fahren."

Wir kennen das auch und wissen, wie es sich anfühlt, und Tatsache ist, dass es den meisten Ehepaaren nicht anders geht. Anhand einer landesweiten Umfrage unter verheirateten Paaren stellten Statistiker fest, dass Ehepaare an einem ganz normalen Tag nicht einmal drei Minuten lang ein *sinnvolles* Gespräch führen.

Nicht zu fassen! Wir sind inzwischen so beschäftigt, dass wir anscheinend nicht mehr genügend Zeit haben, um miteinander darüber im Gespräch zu bleiben, wie es uns eigentlich geht, nachdem wir unsere Terminpläne aufeinander abgestimmt und all die Kindertaxi-Touren geplant haben. Ständig beschäftigt zu sein, verleitet uns zu dem Trugschluss, dass wir miteinander im Gespräch sind, obwohl wir im Grunde nur Informationen austauschen, die nötig sind, um das hektische Tempo eines ganz normalen Durchschnittsalltags aufrechtzuerhalten.

Ständig beschäftigt zu sein, schadet dem Liebesleben

Michael LeBoef hat einmal gesagt: „Allem Möglichen ein bisschen von sich selbst zu widmen, heißt, sich mit einem großen Teil seiner selbst für nichts zu engagieren." Das stimmt. Wenn man sein Engagement und seine Aktivitäten zu stark streut, wenn man versucht, Zeit über die Maßen zu strecken, dann hat man am Ende nichts mehr auf seinem Liebeskonto übrig. Es ist nicht nur so, dass die Qualität Ihres Liebeslebens zwangsläufig darunter leidet, wenn Sie ständig beschäftigt sind, sondern die Qualität Ihres Liebeslebens verbessert sich direkt proportional zu der Zeitmenge, die Sie sich für Entspannung nehmen.

Eile regelt alles schlecht.
Französisches Sprichwort

Denken Sie einmal über ein Wochenende oder vielleicht sogar einen zweiwöchigen Urlaub zu zweit nach, bei dem es Ihr oberstes und erklärtes Ziel ist, ausschließlich zu entspannen und eine Weile aus dem Hamsterrad auszusteigen. Wie wirken sich solche Zeiten auf Ihr Liebesleben aus? Es verbessert sich unweigerlich, und zwar sowohl quantitativ als auch qualitativ. Ja, körperliche Nähe wird in einer Ehe, in der die Partner keine Zeit haben, so sehr beeinträchtigt, dass wir an anderer Stelle in diesem Buch ein ganzes Kapitel darüber eingefügt haben, wie man bewusst zur Ruhe kommen und sich gemeinsam erholen kann.

Ständig beschäftigt zu sein, ist eine Spaßbremse

Ständig zu tun zu haben, ist ein Spaßkiller, daran führt kein Weg vorbei. Wenn Sie schon allein durch das Im-Gang-Halten des Hamsterrades Ihres Alltags erschöpft sind, werden Sie die Fahrt darin nie genießen können. Erinnern Sie sich einmal an ein paar der verrückten Sachen, die Sie gemacht haben, als Sie gerade frisch verliebt waren. Damals wollten Sie vor allem miteinander Spaß haben. Bei all Ihren Verabredungen haben Sie viel gelacht.

Was ist also passiert? Sie wissen es. Dadurch dass Sie nonstopp beschäftigt sind und kaum noch zu Atem kommen, ist Ihnen das Lachen vergangen. „Liebe muss auf Vertrauen, Ehrlichkeit und dem guten alten Spaß beruhen", sagt der Autor Bill Hybels. „Nur wenn diese Grundlagen geschaffen und auch aufrechterhalten werden, kann man wirklich eins sein."

Ständig beschäftigt zu sein, zerfrisst die Seele

Die wohl zerstörerischste Nebenwirkung, die sich einstellt, wenn ein Paar ständig beschäftigt ist, besteht darin, dass alle inneren Reserven aufgezehrt werden. Wenn Sie lange genug zu viel zu tun haben und ständig beschäftigt waren, dann stehen Sie irgendwann vor dem geistlichen Bankrott. Sie haben dann das Gefühl, dass Gott ganz weit weg oder gar nicht mehr da ist. Warum ist das der Fall? Weil sich im Mittelpunkt des gemeinsamen Lebens eines Paares unter den verschiedenen Schichten des Alltags ganz allmählich auch bei den engagiertesten Paaren eine Leere einstellt, wenn nicht auch der Geist gepflegt und versorgt wird. Wenn man ständig beschäftigt ist, nutzt sich die geistliche Zufriedenheit langsam, aber stetig ab, weil die Beziehung keine neuen Anregungen mehr bekommt.

Unser Freund Neil Clark Warren hat einmal gesagt: „Immer wenn Ihr gemeinsames Leben durch Anregungen bereichert wird, erkennen Sie darin eine der machtvollen Möglichkeiten Gottes, ein Paar so eng miteinander zu verbinden, dass es jede Wendung des Schicksals überstehen kann, so lange es lebt." Wenn sich ein Paar Woche für Woche im Übermaß und zu lange der Hektik einer Arbeitswoche aussetzt, dann erlebt es niemals, wie sich ihrer beider Geist gemeinsam emporschwingt.

Was man gegen seine ständige Beschäftigung tun kann und wie man diesen Kampf gewinnen kann

Die Gouverneurin des Bundesstaates Michigan, Jennifer Granholm, hat 2003 eine offizielle Verlautbarung ihres Bundesstaates veröffentlicht, in der es heißt: „In Anbetracht der Tatsache, dass so viele Amerikaner täglich so viele Stunden arbeiten und Überstunden machen, immer weniger Urlaub nehmen und unter Stress und Burn-out leiden ... in Anbetracht des Drucks, der Arbeitsüberlastung und zu voller Terminkalender, der sich negativ auf Familien auswirkt ... ergeht der Beschluss, dass ich, Jennifer M. Granholm, Gouverneurin des Staates Michigan, diesen Tag zum „Hol-dir-deine-Zeit-zurück-Tag" erkläre."[4]

Wir hatten von einer solchen Erklärung noch nie etwas gehört. Es weckte bei uns jedoch beinah den Wunsch, unsere Zelte in Seattle abzubrechen und nach Michigan zu ziehen. Wer würde nicht gern an einem Ort leben, an dem nicht einmal die Gouverneurin will, dass man ständig zu viel zu tun hat? Ach, wenn es doch nur so einfach wäre. Leider erfordert es mehr als nur eine einfache Politikererklärung, den Kampf gegen das ständige Beschäftigtsein zu gewinnen. Hier einige Vorschläge, wie es vielleicht gelingen kann.

Einfach langsamer machen

Natürlich besteht die Therapie gegen die Hast-und-Eile-Krankheit darin, es schlichtweg langsamer anzugehen. Die Aussage von Lily Tomlin am Anfang des Kapitels gehört zu unseren Lieblingszitaten: „Wenn Sie sich schnell vom Stress befreien möchten, machen Sie langsam." Wenn Ihnen ein Zitat von einem eher kontemplativen Denker lieber ist, hier noch ein Ausspruch von Gandhi. „Es gibt Wichtigeres im Leben, als ständig das Tempo zu beschleunigen."

Okay. Wir wissen jetzt also alle, dass wir langsamer machen sollten. Aber die Frage ist doch: Wie? Also, wenn Sie diesen Satz zu Ende gelesen haben, schließen Sie die Augen, holen tief Luft, legen eine Hand auf Ihr Herz und spüren fünfzehn Sekunden lang einfach nur Ihren Herzschlag. Haben Sie das getan? Wenn ja, dann wissen Sie jetzt, wie bereits eine so einfache Übung Ihr persönliches Tempo reduzieren kann. Wenn Sie es nicht getan, sondern einfach weitergelesen haben, möchten wir Ihnen gern eine Frage stellen. Sie haben wirklich nicht die Zeit, fünfzehn Sekunden lang innezuhalten, bevor Sie diesen Absatz zu Ende lesen?

Wenn das tatsächlich so sein sollte, dann haben wir noch eine Aufgabe für Sie, die vielleicht eine weit größere Herausforderung für Sie darstellt. Versuchen Sie morgen einmal, keine Armbanduhr zu tragen. Und wenn Sie geradezu tollkühn sein wollen, dann hängen Sie auch noch die Wanduhr in Ihrer Küche ab. Nur für einen Tag. Sie werden staunen, wie gut Ihr Zeitgefühl ist und wie sehr Ihre Armbanduhr Sie antreibt – jedenfalls mehr, als Sie glauben. Es ist nur eine kleine Übung, die Ihnen dabei helfen kann, in Ihrem ganz normalen Alltag ein bisschen das Gas wegzunehmen und ihn so zu entschleunigen.

Schauen Sie sich Ihre „Sekundärgewinne" an

Wir haben einen Freund, der es wirklich als Kompliment empfindet, wenn man ihm sagt, dass er müde aussieht. „Ja, ist im Moment alles ziemlich heftig", sagt er dann stolz. Kennen Sie auch so jemanden? Solche Menschen empfinden es wie eine Auszeichnung, wie eine Art Orden, „viel zu tun" zu haben. Warum ist das so?

Das hat etwas mit dem zu tun, was Psychologen als „Sekundärgewinn" bezeichnen. Der Primärgewinn, ständig beschäftigt zu sein, scheint Produktivität zu sein, etwas zu schaffen. Aber durch diese hochtourige Lebensweise erzielen wir eben unter der Oberfläche auch noch etwas anderes, zum Beispiel, dass wir uns dann nicht mit den tiefer liegenden inneren Problemen in unserem Leben auseinanderzusetzen brauchen – denn davor fürchten wir uns oft. Oder diese Lebensweise hält uns von Gedanken und Gefühlen oder vielleicht sogar Begegnungen mit Menschen fern, vor denen wir Angst haben.

Ständig beschäftigt zu sein, erlaubt es uns, zu spät zu kommen, früher zu gehen oder gleich ganz wegzubleiben. Und das kann sowohl für zu Hause als auch für den Beruf gelten. Zu viel zu tun zu haben, kann bewirken, dass wir ein längst überfälliges Gespräch nicht führen oder verhindern, dass wir uns mit einem Problem auseinandersetzen, das förmlich danach schreit. Ständig beschäftigt zu sein, kann also auch eine Methode sein zu vermeiden, genau über das zu sprechen, was dringend anliegt. Vielleicht sind es Schulden, die sich im Laufe der Zeit angehäuft haben, oder eine gemeinsame Linie in der Kindererziehung. Vielleicht ist es auch das Gefühl, sich immer weiter voneinander zu entfernen.

Wenn es Ihnen jemals gelingen soll, Schluss damit zu machen, ständig beschäftigt zu sein, dann ist es wichtig, einen ernsthaften und genauen Blick auf mögliche Sekundärgewinne zu werfen. Sie müssen sich selbst fragen: „Was genau erreiche ich durch mein ständiges Beschäftigtsein noch, außer mehr zu schaffen?" Seien Sie mit sich dabei ehrlich, brutal ehrlich.

Hören Sie auf, andere mit Resten abzuspeisen

Leute, die ständig beschäftigt sind, geben den Menschen, die sie lieben, kaum jemals das Beste, sondern speisen sie oft mit Resten ab. Wir meinen damit nicht die Reste aus dem Kühlschrank.

Wir reden hier von emotionalen Resten und Beziehungsresten – also von dem, was übrig ist, wenn etwas anderes oder andere Menschen bereits die besten Teile Ihrer Kraft und Aufmerksamkeit bekommen haben. Manchmal wird das auch als „Feierabend-Müdigkeit" bezeichnet. Damit ist gemeint, dass man einfach zu erledigt, zu müde und zu geistesabwesend ist, um ganz bei denen zu sein, die man eigentlich am meisten liebt. Genau diese Menschen bekommen dann nur noch die kläglichen Reste, aber von solchen Resten kann eine Ehe nicht leben.

Hier ein kleiner Trick, den wir von unserem Freund John Maxwell gelernt haben. Er ist einer der produktivsten Menschen, die wir kennen, aber er bemüht sich auch ganz bewusst, dafür zu sorgen, dass den besten Teil seiner Zeit seine Frau Margaret bekommt. „Früher", erzählte er uns einmal, „wenn im Laufe des Tages etwas besonders Spannendes oder Überraschendes passierte, habe ich es immer gleich meinen Kollegen und Freunden erzählt. Wenn ich dann abends endlich nach Hause kam, hatte ich oft weder Lust noch die ursprüngliche Begeisterung, es auch Margaret zu erzählen. Als ich das bemerkt habe, habe ich ganz bewusst Dinge für mich behalten, damit ich sie zuerst ihr erzählen konnte. Auf diese Weise bekam sie nie nur die Reste."

> *Verlorene Zeit kann man nicht wiederfinden.*
> Benjamin Franklin

Das gilt natürlich noch für viel mehr als nur für das Erzählen der schönen Tagesereignisse. Wir geben unserem Ehepartner dann das Beste, wenn wir ihm Kraft und Aufmerksamkeit auch für das schenken, worüber sie gern mit uns reden möchten.

Sagen Sie auf elegante Weise Nein

Für manche Menschen gehört es mit zu den schwierigsten Dingen, Nein zu sagen. Trotzdem ist dieses kleine Wort eine der stärksten Waffen im Kampf dagegen, ständig beschäftigt zu sein. Wenn Sie uns nicht glauben, dann müssen wir Ihnen leider sagen, dass wir selbst miterlebt haben, wie Menschen vor Müdigkeit zusammengebrochen sind, wie sie Depressionen bekommen haben und chronische Krankheiten, weil sie nicht Nein sagen konnten. Manche Ärzte nennen Krebs sogar die „Nette-Leute-Krankheit".

Der Chirurg Bernie Siegel erzählte einmal von einer Krebspatientin, die einfach nicht Nein sagen konnte. Es ging ihr jedoch langsam besser, als sie es endlich schaffte, ihrem Chef zu sagen, dass sie nicht ständig Überstunden machen könne, wenn er sie darum bäte. Sie fing an, sich ihre Zeit zurückzuerobern. Siegel sagte: „Bei Menschen, die ihre eigenen Bedürfnisse vernachlässigen, ist die Wahrscheinlichkeit krank zu werden, besonders hoch. Bei ihnen besteht das Hauptproblem meist darin, dass sie nicht ohne Schuldgefühle Nein sagen können."[5]

Wenn auch Sie an der Krankheit leiden, es immer allen recht machen zu müssen, dann behandeln Sie sie und setzen Sie sich durch. Fangen Sie damit an, eine Liste der Dinge zu erstellen, zu denen Sie gerne Nein sagen würden. Sprechen Sie darüber mit Ihrem Ehepartner oder sonst einer Person Ihres Vertrauens. Wahrscheinlich kann er oder sie Ihnen dabei helfen, die große Macht dieses kleinen Wortes besser zu nutzen.

Wie man aufhören kann, ständig beschäftigt zu sein

Wir lesen fast alles, was John Ortberg schreibt. Wir haben mit ihm zusammen studiert und kennen ihn schon lange als Autor geistlicher Themen, der besonders gut geerdet ist. In seinem Buch *Das Leben, nach dem du dich sehnst* gibt es ein Kapitel mit dem Titel „Ein gelassenes Leben", in dem Ortberg berichtet, wie er einmal von einem weisen Freund einen geistlichen Rat bekam, kurz nachdem er nach Chicago gezogen war, um dort Pastor in der megagroßen *Willow Creek Community Church* zu werden. „Ich beschrieb (meinem Freund) das viel zu hohe Tempo, in dem sich die Dinge in meiner gegenwärtigen Situation bewegten", schreibt John. Auch, dass sich sein Familienleben wie

> *Obwohl ich immer in Eile bin, bin ich nie gehetzt; weil ich nie mehr Arbeit tue, als ich in vollkommener geistiger Ruhe schaffen kann.*
>
> John Wesley

in einem Zeitraffer abspielte, erzählte er. „Was muss ich tun", fragte John, „um geistlich gesund zu sein?"

Nachdem der Freund eine Weile schweigend überlegt hatte, sagte er schließlich: „Du musst konsequent alle Hektik aus deinem Leben verbannen."

Wieder eine lange Pause.

„Okay, ich habe mir diesen Punkt notiert", sagte John, inzwischen schon etwas ungeduldig. „Das ist schon ganz gut. Was noch?" John hatte viel zu tun und das Gespräch mit seinem Freund war ein Ferngespräch, sodass er, wie er selbst sagte „unbedingt so viel geistliche Weisheit in so wenig Zeit wie nötig aus ihm herausquetschen wollte".

> *Eile kommt nicht vom Teufel, sondern sie ist der Teufel.*
> Carl Jung

Wieder eine lange Pause in der Leitung.

„Es gibt nichts anderes", sagte sein weiser Freund. „Du musst radikal die Hektik aus deinem Leben verbannen."[6]

Das ist alles. Sein geistlicher Mentor hätte ihm natürlich auch einen konkrete Anleitung schreiben können, wie er seinen Geist mit dem Allmächtigen in Einklang bringen solle. Aber er machte nur diesen einen Vorschlag. Es gibt nichts anderes, als radikal die Hektik aus Ihrem Leben zu verbannen.

Wir haben uns entschlossen, dieses Kapitel mit Johns Geschichte abzuschließen, weil wir befürchten, dass Sie sonst vielleicht mit diesem Kapitel umgehen, wie John es mit seinem Freund tat. Wir fürchten, dass Sie dieses Kapitel zu Ende lesen und dann einfach zum nächsten Kapitel weitergehen, um zu erfahren, was Sie *sonst noch* für Ihre zeithungrige Ehe tun können.

Schließlich haben Sie über die negativen Auswirkungen gelesen, die es auf Ihre Ehe hat, ständig beschäftigt zu sein, und Sie haben gelesen, was man dagegen tun kann. Das ist großartig. Aber erliegen Sie jetzt nicht der Versuchung zu glauben, dass Sie, nur weil Sie dieses Kapitel jetzt gelesen haben, auch die darin gezeigten Grundsätze beherzigen und umsetzen können. Machen Sie nicht einfach ein Häkchen hinter dieses Kapitel und denken, dass Sie jetzt weniger zu tun haben und nicht mehr so beschäftigt sind. Sie haben es erst vor sich, radikal alle Hektik aus Ihrer Beziehung zu verbannen.

Also nehmen Sie sich einen Augenblick Zeit, bevor Sie schnell zum zweiten Teil dieses Buches weitergehen, um zu sehen, was wir „sonst noch" zu sagen haben, und gönnen Sie sich stattdessen ein paar Minuten, um sich zu überlegen, wie Sie den Inhalt dieses Kapitels praktisch umsetzen können.

Nachgedacht

⊚ Wodurch haben Sie am stärksten das Gefühl, ständig beschäftigt zu sein? In welchen Bereichen Ihres Lebens haben Sie am meisten das Gefühl, immer schneller strampeln zu müssen, um am Ball zu bleiben? Woran liegt das?

⊚ Ständig zu tun zu haben, kann sich auf vier Bereiche negativ auswirken: Ihre Gespräche, Ihr Liebesleben, Ihre Fähigkeit, Spaß miteinander zu haben, und Ihr geistliches Leben. Welcher dieser vier Bereiche wird bei Ihnen am ehesten und am meisten strapaziert, weil Sie ständig beschäftigt sind? Woran liegt das?

⊚ Welches der beschriebenen Mittel und Methoden könnte für Sie beide Ihrer Meinung nach am nützlichsten sein, nachdem Sie jetzt erkundet haben, was man gegen sein ständiges Beschäftigtsein tun kann? Wie und wann werden Sie es umsetzen?

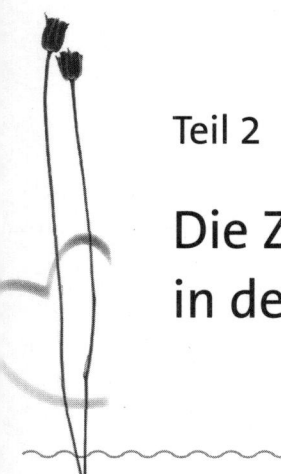

Teil 2

Die Zeit Ihres Lebens in den Griff bekommen

„Erinnern Sie sich an ... die beste Zeit Ihres Lebens?"

Die Fotofirma Eastman Kodak kreierte aus dieser Frage in Kombination mit einem Song von Paul Anka eine Art Firmenhymne. Als anschließend in Werbespots rührende Schnappschüsse mit dieser Melodie unterlegt wurden, entstand daraus die Grundlage einer unglaublich erfolgreichen Werbekampagne. Natürlich war dieser Song ursprünglich nicht für Werbezwecke geschrieben worden, aber man musste kein Marketinggenie sein, um zu erkennen, was er für den Verkauf von Kleinbildfilmen bewirken konnte.

Und es ist auch kein Psychologe nötig, um zu erkennen, was genau dieselbe Fragestellung für unsere Ehe bedeuten kann. Erinnern Sie sich noch an die beste Zeit Ihres Lebens? Ob die Frage nun vertont und in Form eines Songs gestellt wird oder nicht, man überlegt automatisch, wie man das eigene Leben gestaltet.

In dem nun folgenden Abschnitt dieses Buches sind wir jedoch nicht so sehr daran interessiert, dass Sie viel über die Vergangenheit nachdenken, obwohl auch solche Überlegungen sicher ihren Platz haben. Wir möchten Sie in den folgenden vier Kapiteln mit dem besten Handwerkszeug ausstatten, das wir kennen, damit Sie die „beste Zeit Ihres Lebens" nehmen – jeden einzelnen Moment Ihrer Ehe beim Schopf packen – und so viel wie möglich daraus machen.

Kapitel 4

Zeitstile:
Erkennen Sie Ihren ganz eigenen
Umgang mit der Zeit

Zeitmanagement ist im Grunde eine Fehlbezeichnung –
die Herausforderung für uns besteht nämlich nicht darin,
die Zeit zu managen, sondern uns selbst.
Stephen R. Covey

Timex, Bulova, Citizen, Swatch, Rolex, Fossil, Omega, Seiko – welche tragen Sie?

Fast jeder trägt eine Armanduhr am Handgelenk. Jedes Jahr werden etwa eine halbe Milliarde Armbanduhren verkauft und viele Leute besitzen auch mehr als nur eine. Manche sammeln sie und nennen Dutzende unterschiedliche Modelle ihr Eigen. Seit sich der französische Mathematiker und Philosoph Blaise Pascal Anfang des siebzehnten Jahrhunderts einen kleinen Zeitmesser mit einer Kordel ums Handgelenk band, möchte jeder die Zeit am Arm tragen.

Heute bekommt man Armbanduhren schon für ein paar Euro, aber es gibt auch Luxusmodelle, die Tausende kosten. Sie können funktional oder modisch sein, manchmal auch beides. Und höchstwahrscheinlich sagt die Uhr, die Sie tragen, auch etwas über Ihre Persönlichkeit aus. Überlegen Sie doch mal. Wenn Sie über zwei Männer lediglich wüssten, dass der eine von ihnen eine klassische goldene Uhr mit einem zierlichen weißen Zifferblatt und einem schmalen Krokoarmband trägt und der andere ein schwarzes Schweizer Armeemodell mit einem stabilen Edelstahlarmband, wären Sie dann nicht durchaus in der Lage, daraus etwas über die Persönlichkeit dieser beiden Männer abzuleiten?

Es lässt sich doch nicht leugnen, dass unsere Armbanduhren etwas darüber verraten, wer wir sind. Vielleicht sagen sie sogar etwas darüber aus, wie wir an Zeit heran- und mit ihr umgehen. Nehmen wir als Beispiel einmal den Mann, der eine Digitaluhr mit eingebautem Alarm und Minitaschenrechner trägt. Glauben Sie nicht auch, dass er anders an Zeit herangeht als der Mann mit einer verspielten Mickymausuhr?

Wir haben im Folgenden vor, Ihre Vorstellung und Ihren Umgang mit Zeit etwas genauer zu untersuchen und auszuwerten, als es ein flüchtiger Blick auf Ihre Armbanduhr offenbaren würde. Im vorliegenden Kapitel werden Sie Ihren ganz persönlichen Umgang mit Zeit entdecken – und damit etwas, worüber Sie vielleicht noch nie nachgedacht haben. Wir nennen es Ihren „Zeitstil".

Außerdem werden Sie nach der Lektüre dieses Kapitels nicht nur Ihren eigenen Zeitstil besser verstehen, sondern auch den Ihres Partners. Und wenn Sie wissen, wie sich Ihre beiden Stile vermischen und wechselseitig beeinflussen, kann das mehr über Sie offenbaren, als Sie gedacht hätten. Ja, das, was Sie in diesem Kapitel erfahren, könnte vielleicht sogar ein Schlüssel für Ihre Beziehung sein. Es könnte dabei helfen, den Code dafür zu finden, wie Sie mehr gemeinsame Momente miteinander erleben können.

> *Ein Mann mit einer Uhr weiß, wie spät es ist. Ein Mann mit zwei Uhren kann nie sicher sein.*
> Segals Gesetz

Wieso wir da so sicher sein können? Weil wir an dieser Fragestellung schon seit Jahren arbeiten und merken, wie sehr es unsere Beziehung verändert und auch die Beziehungen von Leuten, denen wir unsere Beobachtungen und Erkenntnisse weitervermittelt haben.

Es ist verlockend, einfach davon auszugehen, dass jeder Mensch mit Zeit genauso umgeht wie man selbst, aber das ist nicht so. Jeder Mensch betrachtet Zeit auf seine ganz eigene Weise und geht entsprechend damit um. Beginnen wir also damit, uns einmal anzuschauen, woher das kommt.

Nicht alle Zeit ist gleich

Ich bin eine Nachteule, Leslie dagegen eine Frühaufsteherin. Ich habe meine produktivsten Zeiten oft in den späten Nacht- und frühen Morgenstunden. Ich wache langsam auf, hangele mich dann so durch den Morgen und Vormittag und komme ziemlich genau gegen zwölf Uhr Mittag erst richtig auf Touren. Leslie dagegen kann am späten Abend kaum noch die Augen offenhalten. Dafür ist sie aber auch schon mit den Hühnern wieder wach und startet forsch und zügig in den neuen Tag. Das ist doch die pure Ironie, oder? Offenbar ist es bei ganz vielen Paaren so – der eine ist eine Nachteule, der andere ein Frühaufsteher.

Aber selbst wenn Sie an dieser Stelle nicht so verschieden sind, unterscheiden Sie sich wahrscheinlich sehr darin, wie Sie erstens Zeit ganz allgemein erleben und/oder zweitens Ihre Wahrnehmung von ganz konkreten Momenten. Wir wollen das etwas genauer erklären.

Ihr Zeitstil lässt sich im Grunde durch Ihre Antworten auf zwei Fragen bestimmen:

1. Welchen Bezug haben Sie zur Zeit – einen subjektiven oder objektiven?

2. Welche Zeit erhält von Ihnen die meiste Aufmerksamkeit – die Gegenwart oder die Zukunft?

Wenn Sie diese Fragen so genau wie möglich beantworten, können Sie sich so unzählige Stunden „vergeudeter" Zeit in Ihrer Beziehung ersparen. Ihre Antworten sind der Schlüssel dazu, sich die gemeinsamen Momente wieder bewusst zu machen, die Sie in letzter Zeit nicht genutzt haben.

Subjektive kontra objektive Zeitmessung

Wie würden Sie die folgenden Fragen beantworten?

◎ Wenn Sie sagen, dass Sie um 15:00 Uhr etwas Bestimmtes tun werden, meinen Sie dann genau 15:00 Uhr oder eher so etwa gegen drei – so um den Dreh ungefähr.

◎ Wenn Sie sagen, dass Sie mit dem Auto eine halbe Stunde bis zu einem bestimmten Geschäft brauchen, wissen Sie das dann genau, weil Sie die Zeit gestoppt haben, oder fühlt es sich für Sie so ungefähr wie eine halbe Stunde an?

◎ Wenn Sie einen Termin vereinbaren wollen und überlegen, wann Sie dafür Zeit haben, schauen Sie dann wirklich in einem real existierenden Terminkalender nach, den Sie tatsächlich führen und in dem Sie nachvollziehen können, was Sie tagtäglich tun, oder müssen Sie erst überlegen, was Sie sonst noch zu dem infrage kommenden Zeitpunkt zu tun haben könnten und dann eben ausprobieren, „ob das funktioniert".

Wenn Sie exakt 15:00 Uhr meinen, ziemlich präzise in Ihrer Zeiteinschätzung sind und einen genauen Terminkalender führen, dann sind Sie vermutlich ein *objektiver* Zeitmesser.

Wenn Sie eher „so ungefähr um 15 Uhr herum" meinen und keinen Terminkalender führen, dann sind Sie wahrscheinlich eher ein *subjektiver* Zeitmesser.

Das eine ist weder besser noch schlechter als das andere. Es ist einfach so. Jeder Mensch ist in Bezug auf die Wahrnehmung von Zeit und den Umgang damit unterschiedlich „gestrickt". Beurteilen beziehungsweise verurteilen Sie also weder sich selbst noch Ihren Partner anhand dieser Einteilung. Beides hat seine Vorteile und beides birgt Gefahren, aber im Moment geht es uns nicht darum, die Vor- und Nachteile des jeweiligen Ansatzes zu beurteilen, sondern darum, wo jeder von Ihnen auf der Skala zwischen diesen beiden Polen angesiedelt ist. Die einen befinden sich mit ihrer Art beim einen Extrem, die anderen beim anderen, die einen sind in ihrer Wahrnehmung und Einschätzung von Zeit eher klar und präzise, während andere eher irgendwo in der Mitte angesiedelt sind.

Gleich werden wir Ihnen zeigen, wie jeder für sich genau bestimmen kann, wo er/sie auf dieser Skala angesiedelt ist. Dazu müssen wir aber noch die zweite Achse der Skala abdecken.

Gegenwarts- kontra zukunftsorientiert

Wie würden Sie die folgenden Fragen beantworten?

◉ Setzen Sie mehr emotionale Energie ein, um das „Hier und Jetzt" zu genießen oder das „Dann" zu planen?

◉ Sind Sie jemand, der sich Ziele setzt? Gibt es einen konkreten Punkt, den Sie künftig erreichen wollen, oder lassen Sie sich lieber vom Fluss des Lebens zu Ihrem Ziel hintreiben?

◉ Geben Sie Ihr Geld für das aus, was Sie heute tun möchten, oder überlegen Sie eher sorgfältig, welche Auswirkungen Ihr Kauf von heute auf das hat, was Sie vielleicht in Zukunft finanziell noch zu leisten haben werden?

Wenn Sie mehr Energie auf das verwenden, was irgendwann einmal sein wird, als auf das, was jetzt gerade ist, wenn Sie sich konkrete Ziele setzen und wenn Sie überlegen, wie sich eine finanzielle Entscheidung, die Sie heute treffen, darauf auswirken könnte, was Sie sich vielleicht morgen noch leisten können, dann sind Sie wahrscheinlich eher *zukunft*sorientiert. Wenn auf Sie hinsichtlich dieser Fragen genau das Gegenteil zutrifft, dann sind Sie wahrscheinlich *gegenwarts*orientiert.

Die einen Menschen verschwenden kaum einen Gedanken auf das, was irgendwann einmal oder auch nur als Nächstes passiert. Ihnen geht es nur um das Jetzt, um diesen Augenblick. Sie sind voll und ganz mit der Gegenwart beschäftigt. Über die Zukunft machen sie sich nicht viele Gedanken. Das verdirbt einem doch nur die Gegenwart. Sie packen lieber den Augenblick beim Schopf und kosten ihn voll aus. Und sie können es sich auch gar nicht anders vorstellen.

Andere dagegen sind völlig verblüfft, dass man überhaupt so leben kann. Sie fragen sich, wie solche Menschen überhaupt irgendetwas zustande bekommen können. Wie kann man etwas einfach tun, fragen sie sich, ohne es vorher sorgfältig zu planen? Wie kann man ohne Zukunftsplanung zurechtkommen? Wieso gehen diese Menschen nicht systematischer und planvoll vor, um zu erreichen, was sie möchten?

Noch einmal – es gibt Menschen, auf die jeweils die Extreme zutreffen – sie sind also entweder ganz und gar auf das Hier und Jetzt konzentriert oder legen ihr Hauptaugenmerk ganz auf das

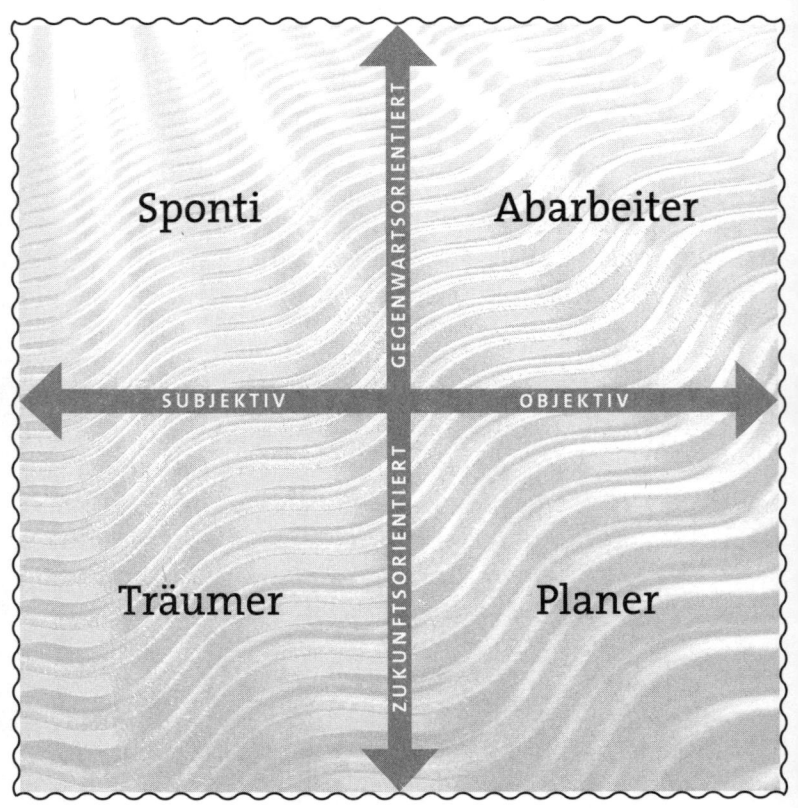

Morgen. Andere wiederum befinden sich auf der Skala irgendwo zwischen diesen beiden Extremen. Bevor wir Ihnen jetzt zeigen möchten, wie Sie sich selbst auf dieser Skala einordnen können, möchten wir die beiden Achsen des Schaubildes auf Seite 50 unten kurz beschreiben und zusammenfassen.

Wie Sie jetzt sehen können, ergibt die Kombination der beiden beschriebenen Dimensionen – „subjektiv kontra objektiv" und „gegenwartsorientiert kontra zukunftsorientiert" – vier spezifische Zeitstile. Bevor Sie sich selbst und Ihren Partner nun einem dieser vier Stile zuordnen, lassen Sie uns diese zunächst einzeln ein wenig genauer anschauen.

Die vier Zeitstile

Der Sponti

Wir haben es hier mit einem Menschen zu tun, der einen *subjektiven* Bezug zur Zeit hat und *gegenwartsorientiert* ist. Weil das so ist, versucht er, Zeit möglichst spontan einzuteilen, sie also den eigenen Zwecken anzupassen. Anders ausgedrückt, so ein Mensch schafft Raum für das, was er gerade will, und für das, was er im Moment gerade für richtig hält, und zwar unabhängig davon, ob es sein Terminplan zulässt oder nicht. Er lässt sich den Tag doch nicht von seinem Terminkalender vermiesen. Ich weiß das so genau, weil das auch mein Zeitstil ist (Leslie).

Vor einiger Zeit hatten wir Besuch von Freunden. Ich schlug irgendwann einen Spaziergang zu einem Café vor und sagte: „Das sind nur fünf Minuten von hier."

„Fünf Minuten?", fragte Les ein bisschen erstaunt.

„Na ja, vielleicht zehn, jedenfalls so um den Dreh", entgegnete ich auf seinen Einwand hin. „Ganz genau weiß ich das nicht, aber es ist nicht weit und es ist ein ganz wunderschöner Spaziergang dorthin."

Les schüttelte daraufhin nur den Kopf und meinte: „Das ist aber jetzt nicht dein Ernst, oder? Das ist von uns aus bestimmt ein halbstündiger Fußmarsch."

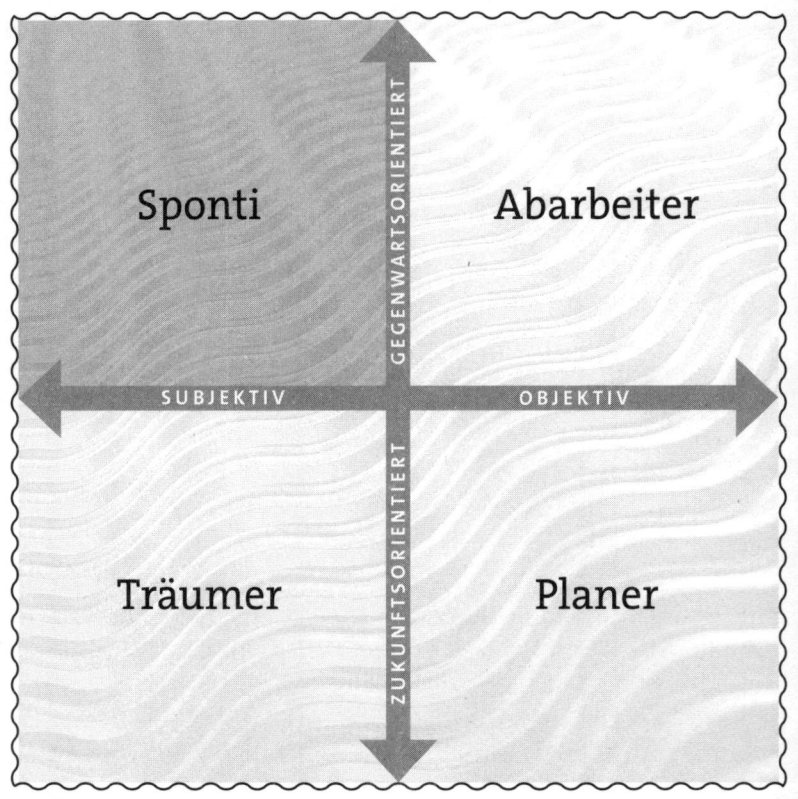

"Ich geh den Weg ganz oft zu Fuß", argumentierte ich, "und mir kommt es nicht so weit vor. Wir müssen doch nur eben über die Fremont Bridge."

"Genau", bestätigte Les. "Ich habe ja gar nichts gegen einen Spaziergang, aber es sind nie und nimmer fünf bis zehn Minuten dorthin."

Und er hatte recht. Es war, genau wie er gesagt hatte, ein etwa halbstündiger Fußweg. Aber wen kümmert's? Na ja, wahrscheinlich Les (er ist nämlich ein Planer), mich jedenfalls nicht. Wie die meisten Spontis, die in der Gegenwart leben und einen eher subjektiven als objektiven Bezug zur Zeit haben, freute ich mich darüber, dass ich Zeit für einen spontanen netten Spaziergang mit

Freunden hintricksen und dann auch noch mit ihnen zusammen lecker essen konnte.

Spontis können pünktlich sein, aber Vorsicht! Die Eigenschaft, die es dem Sponti ermöglicht, Zeit für Sie zu haben, wenn Sie sie brauchen, kann ebenso auch dazu führen, dass er sich verspätet.

◎ *Der Sponti sagt:* „Klar habe ich Zeit."

◎ *Stärken:* Lockerheit, Spontaneität, immer ganz bei der Sache.

◎ *Herausforderung:* besser Grenzen setzen.

◎ *Wird unter Stress:* unorganisiert; es fällt schwer, Dinge zu Ende zu bringen.

Der Träumer

Menschen, die in diese Kategorie gehören, haben ebenfalls einen *subjektiven* Bezug zur Zeit, sind aber eher *zukunftsorientiert*. Der Träumer liebt das, was irgendwann geschehen soll, und hat eine klare innere Vorstellung davon. Als wäre er ein Besucher aus der Zukunft, kann er Ihnen lebhaft und anschaulich beschreiben, was sein wird. Egal, ob die Vorstellung realistisch ist oder nicht, er möchte einfach versuchen, es sich vorzustellen. Er liebt das, was sein könnte.

Diese Beschreibung passt auf unseren Freund Rick. Vor ein paar Jahren hatte er die Idee, mit seiner Familie für ein Jahr nach Europa zu gehen – „einfach, um mal die Erfahrung zu machen". Und obwohl seine Frau Marvelea keine „Träumerin" ist, ging sie mit, denn sie ist ein Sponti.

Also kündigten Rick und Marvelia ihre Jobs und reisten mit ihren beiden Kindern zwölf Monate lang in Italien und der

53

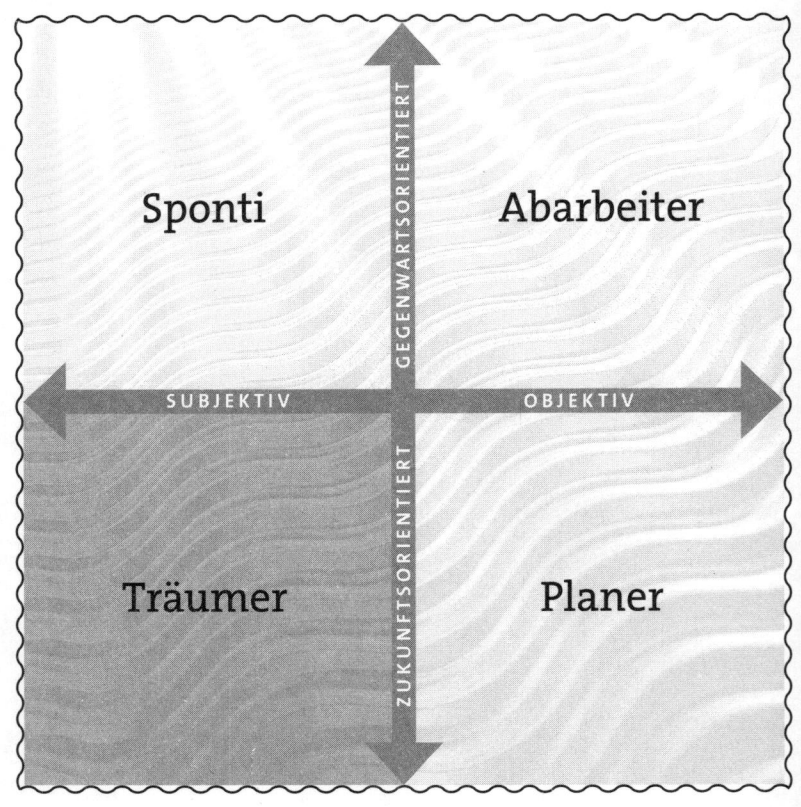

Schweiz herum. Und das alles, weil Rick eine Idee hatte, einen Traum.

Dieser Zeitstil muss nicht unbedingt derart drastische Auswirkungen haben wie in diesem Beispiel. „Manchmal sagt Rick zum Beispiel: ‚Lass uns heute Abend ins Kino und hinterher noch in eine Jazzkneipe gehen‘", berichtet Marvelea. „Also versuche ich, meinen Tag um diesen Plan herum zu organisieren, indem ich beispielsweise einen Babysitter besorge und mir überlege, was ich abends anziehe. Wenn es dann aber so weit ist, kann es sein, dass er seine Pläne für den Abend schon wieder komplett über den Haufen geworfen hat."

„Ja", bestätigt Rick. „Wenn ich im Internet nachgeschaut und dann festgestellt habe, dass gerade kein guter Film läuft, habe ich schon die nächste Idee. Vielleicht Grillen im Garten oder was weiß ich."

So ist das Leben mit einem Träumer. Man lebt in der Zukunft und ist äußerst fantasievoll und flexibel im Umgang mit seiner Zeit.

~~~~~~

◎ *Der Träumer sagt:* „Ich habe eine tolle Idee."

◎ *Stärken:* spontan, visionär, optimistisch.

◎ *Herausforderung:* realistischer zu werden.

◎ *Wird unter Stress:* handlungsunfähig, unvernünftig.

~~~~~~

Der Planer

Dieser Zeittyp hat einen *objektiven* Bezug zur Zeit und ist *zukunftsorientiert*. Bei ihm dreht sich alles um den Terminkalender und darum, einen Plan zu haben. Wie der Träumer hat auch er eine Vision davon, was sein könnte, aber im Unterschied zum Träumer ist er bereit, erst eine Vorleistung für den Plan zu erbringen und die Belohnung dafür auf später zu verschieben. Planer sind vorbereitet. Zumindest sind sie dabei, sich vorzubereiten. Sie planen ihre Arbeit und arbeiten an ihrem Plan.

Ich habe kein Problem damit zuzugeben, dass ich (Les) zu diesem Typ gehöre. Ich bin zielorientiert. Ich denke immer daran, welcher Schritt als nächster an der Reihe ist. Und ich kann sehr nachdrücklich werden, wenn etwas sofort erledigt werden muss, weil es Auswirkungen auf nachfolgende Dinge hat.

Leslie und ich bezeichnen das als „Dringlichkeitsmaß". Weil ich ein Mann der Tat bin, wenn ich einen Plan umsetze, kann ich

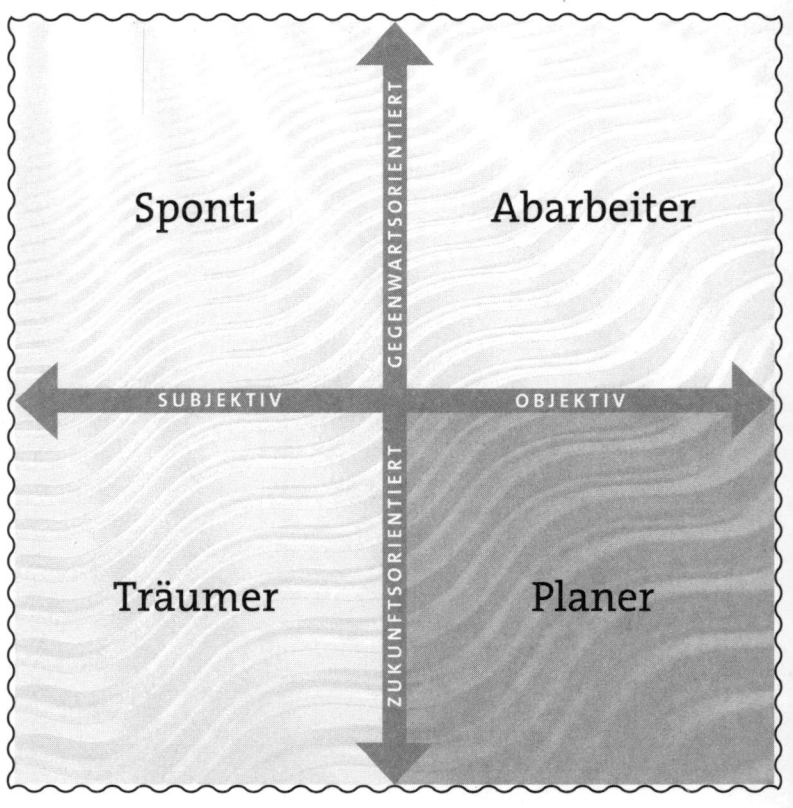

Sponti

Abarbeiter

GEGENWARTSORIENTIERT

SUBJEKTIV

OBJEKTIV

ZUKUNFTSORIENTIERT

Träumer

Planer

schon ein wenig nachdrücklich – na ja, also gut – sehr nachdrücklich werden, wenn etwas sofort erledigt werden muss. Das ist allerdings nicht so, weil ich im Augenblick, im Hier und Jetzt lebe, sondern weil ich vorausplane.

Ich bezahle eine Rechnung immer am selben Tag, an dem ich sie bekomme, damit ich sie „aus dem Kopf" habe. Ich sorge dafür, dass meine Aufgabenliste immer möglichst kurz ist, damit sie mich nicht behindert, wenn sich mir eine unverhoffte Chance bietet. Wenn ich für eine Aufgabe einen Abgabetermin habe, dann halte ich den im Allgemeinen ein – und meistens bin ich sogar etwas früher fertig. Warum ich das so mache? Weil man nie weiß, welche tolle Chance einen hinter der nächsten Ecke erwartet, und weil ich diese mögliche Chance nicht verpassen möchte, nur weil ich nicht bereit bin, weil ich nicht die Zeit oder die Wege und Mittel dazu habe.

Wenn Sie genau wissen, was ich mit dieser inneren Dringlichkeit meine, dann sind Sie wahrscheinlich auch ein Planer oder Sie leben mit einem. Und wahrscheinlich ist Ihnen mehr als allen anderen Zeittypen bewusst, dass die Planer diejenigen sind, die versuchen, die Zeit unter Kontrolle zu bekommen. Fragen Sie einen Planer, wie spät es ist, und er antwortet: „Es *müsste* eigentlich eins sein." Durch diese Eigenschaft sind sie sehr emsig und gehen produktiv mit ihrer Zeit um. Sie sind bereit, ihre Gratifikation zu verschieben, das heißt, sie verzichten auf eine sofortige Belohnung, um dafür später umso mehr zu profitieren. Sie sind also vielleicht nicht immer pünktlich, aber wenn sie zu spät kommen, dann normalerweise geplant.

~~~~~~

◎ *Der Planer sagt:* „Ich bin in einer Minute bei dir."

◎ *Stärken:* effizient, vorbereitet, handlungsfähig.

◎ *Herausforderung:* stärker in der Gegenwart zu leben, auf Multitasking zu verzichten.

◎ *Wird unter Stress:* ungeduldig und unsensibel.

~~~~~~

Der Abarbeiter

Dieser Zeittyp hat einen *objektiven* Bezug zur Zeit und ist *gegenwartsorientiert*. Er strukturiert seine Zeit systematisch und geht in einem stetigen, gemäßigten Tempo vor. Im Allgemeinen bringt er zu Ende, was er angefangen hat, und er fängt nichts an, was er in einem vernünftigen Zeitlimit nicht abschließen kann, denn er hat eher die Gegenwart als die Zukunft im Blick.

„Okay, wenn Sie jetzt auf das Ordnermenü gehen und dann auf Drucken, dann können wir zum nächsten Schritt weitergehen", sagt Susan in ebenso gelassenem wie beruhigendem Tonfall. „Sagen Sie Bescheid, wenn Sie damit fertig sind." Sie ist bei der Telefon-Hotline einer Computerfirma beschäftigt und löst Computerprobleme am laufenden Band. Wenn sie einen Anruf erledigt und den Hörer aufgelegt hat, ist sie bereit für den nächsten. Sie hat eine feste Mittagspause, nach der sie dann wieder ans Telefon geht. Susans Zeitstil ist der eines Abarbeiters. Sie konzentriert sich ganz auf das, was sie gerade tut. Um zufrieden zu sein und gut arbeiten zu können, muss sie nicht unbedingt die Gesamtzusammenhänge ihrer Tätigkeit kennen oder wissen, wie ihre Tätigkeit sich entwickeln wird, und sie braucht auch keine wichtige Mission hinter dem, was sie tut. Sie genießt ganz einfach das befriedigende Gefühl, eine Aufgabe erledigt zu haben.

Manche Leute bezeichnen diesen Umgang mit Zeit als „Hollywood hours". An einem Filmset tauchen die einzelnen Beteiligten exakt zu dem Zeitpunkt auf, für den sie bestellt sind, und sie tun nur ganz genau das, was sie in diesem Augenblick tun sollen. Nur der Regisseur und der Filmproduzent machen sich Gedanken um das Gesamtkunstwerk, alle anderen Beteiligten konzentrieren sich nicht auf das Endprodukt, das schließlich erst nach Monaten fertig ist. Mitarbeiter einer Filmcrew haben ihre fest abgezirkelten, präzise beschriebenen Aufgaben und genau die erledigen sie auch – nicht mehr und nicht weniger. Sie fügen sich in den Prozess ein. Ja, sie haben sogar Gewerkschaftstarifverträge, die das sicherstellen. Was sie dagegen nicht haben, ist Flexibilität. Wenn man am Set vielleicht möchte, dass der Kameramann ab und zu auch beim Ton mithilft oder das Beleuchtungsteam ein bisschen

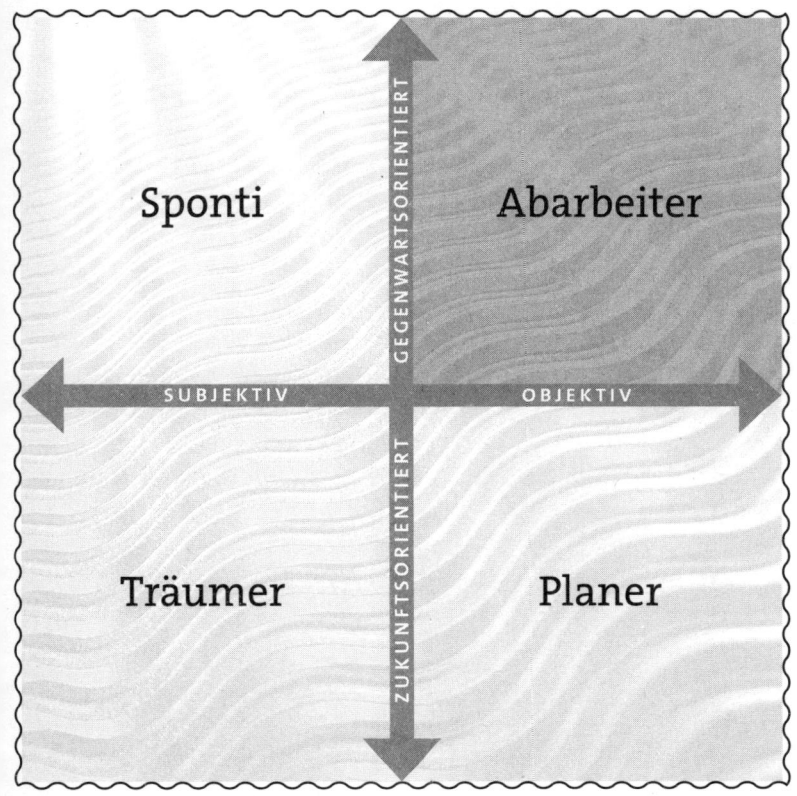

Sponti

Abarbeiter

GEGENWARTSORIENTIERT

SUBJEKTIV — OBJEKTIV

ZUKUNFTSORIENTIERT

Träumer

Planer

früher kommen soll, um noch etwas beim Aufbau zu helfen, dann geht das nicht. So ist der Ablauf beim Film eben nicht.

Dieser feste Ablauf gilt sogar für das Mittagessen. Zu einem bestimmten Zeitpunkt nach einer bestimmten Anzahl von Arbeitsstunden schließt der Set. Es gibt Mittagessen. Nach der festgelegten Mittagspause geht jeder wieder an seine Arbeit und man versucht, genau dort weiterzumachen, wo man vor der Mittagspause aufgehört hat. Man kann auch nichts aufholen, indem man Überstunden macht. Wenn man auch nur eine Minute länger bleibt als bis zum Cutoff, bekommt jeder einen beachtlichen Überstundenbonus.

Den Abarbeiter charakterisiert nicht unbedingt diese Strenge im Ablauf, sondern dieser Ansatz in seinem Umgang mit der Zeit. Der Abarbeiter setzt etwas für einen bestimmten Zeitpunkt fest und hält sich dann normalerweise auch daran. Er liebt feste Abläufe und geregelte Bahnen. Wenn er sagt, dass er um 15:00 Uhr da ist, dann kommt er genau dann – es sei denn, etwas, das sich seiner Kontrolle entzieht, verhindert dies.

◎ *Der Abarbeiter sagt:* „Ich bin um 9:15 Uhr fertig."

◎ *Stärken:* Pünktlichkeit, Disziplin, Schnelligkeit.

◎ *Herausforderung:* sich zu entspannen, indem man sich auch mal treiben lässt.

◎ *Wird unter Stress:* zwanghaft und gesetzlich.

So finden Sie Ihren ganz persönlichen Zeitstil

Bevor wir nun mit dem Lesen dieses Buches fortfahren, sollte Ihnen ein Punkt ganz klar sein. Jeder Mensch kann einen bestimmten Zeitstil haben, aber dieser kann sich immer wieder ändern. Wir werden nicht irgendwann in eine Schublade gesteckt, in der wir dann bis zum Sankt-Nimmerleins-Tag bleiben müssen. Unser Ansatz im Umgang mit Zeit in einem bestimmten Moment kann von einer Vielzahl von Faktoren – von Hunger bis hin zu den Menschen, die gerade um uns sind – beeinflusst werden. Wahrscheinlich fühlen wir uns aber trotzdem in einem der vier Quadranten des Diagramms am ehesten zu Hause.

Vielleicht wissen Sie ja schon, welcher der vier Zeitstile am ehesten auf Sie zutrifft. Oder vielleicht haben Sie auch das Gefühl, zwischen zweien von ihnen hin und her zu pendeln. Oder vielleicht kratzen Sie sich immer noch am Kopf und fragen sich, welcher Stil Sie am besten beschreibt. Was auch immer für Sie zutrifft, wir möchten Ihnen helfen, eine klareres Bild von Ihrem überwiegenden Zeitstil zu bekommen.

Wir möchten aber nicht nur das, wir möchten Ihnen auch zeigen, wie Ihre beiden Zeitstile in Ihrer Partnerschaft zusammenwirken. Wenn Sie beispielsweise eine Planerin sind und mit einem Sponti verheiratet, dann gibt es ein paar absehbare Komplikationen, mit denen Sie rechnen müssen, wenn Sie sich mit Ihrem gemeinsamen Terminkalender abmühen. Dasselbe gilt, wenn einer von beiden ein Träumer ist und der andere ein Planer oder Abarbeiter. Oder jede andere der sechzehn möglichen Kombinationen.

Der ganze Kampf des Lebens ist in gewissem Maße ein Kampf, in dem es darum geht, wie langsam oder wie schnell man etwas tut.
Sten Nadolny

Wie können wir das für Sie tun? Indem wir Ihnen das schnelle und einfache Online-Auswertungstool anbieten, das wir *Time Style Marriage Assessment* – den *Zeitstil-Ehetest* nennen. Gehen Sie einfach auf unsere Homepage *www.RealRelationships.com,* dort finden Sie unter der Überschrift „*Assessment"* einen Link zu der deutschen Version des Tests unter der Überschrift „Zeitstil-Ehetest", mit dessen Hilfe Sie sich einordnen können. Sie können aber auch auf die Homepage unseres deutschen Verlages www.gerth.de gehen. Dort gelangen Sie über die Seite, auf der dieses Buch beschrieben wird, auch zur deutschen Version des Tests.

Die gute Nachricht dabei ist, dass die Teilnahme an dem Test nichts kostet und Sie außerdem bei dieser Selbsteinschätzung und Einordnung nicht „durchfallen" oder „versagen" können. Sie zeigt Ihnen einfach nur, wie Sie in Bezug auf Ihr Verhältnis zur Zeit und Ihren Umgang mit Zeit „gestrickt" sind. Wenn Sie und Ihr Ehepartner beide herausgefunden haben, welchen Zeitstil Sie haben, dann können Sie im Anhang dieses Buches „Ihre persönliche Zeitstilkombination" heraussuchen. Dort erfahren Sie dann mehr über die positiven Auswirkungen und Herausforderungen Ihrer beiden Zeitstile. Sie werden außerdem erfahren, wie Sie in den Genuss des Positiven gelangen können, das Ihre Zeitstilkombination als Paar zu bieten hat.

Bevor Sie jetzt also zum nächsten Kapitel weitergehen, nehmen Sie sich die Zeit für TSMA. Es dauert nur etwa zehn Minuten und es ist vielleicht das Wichtigste, was Sie tun können, um sich die gemeinsamen Augenblicke zurückzuholen, die Ihnen zurzeit so sehr fehlen.

Nachgedacht

◉ Sind Sie in Bezug auf Ihre Wahrnehmung und Ihren Umgang mit Zeit eher subjektiv (unstrukturiert) oder objektiv (strukturiert). Warum ist das so?

◉ Sind Sie eher gegenwarts- oder zukunftsorientiert, wenn es darum geht, worauf Sie Ihre Energie konzentrieren? Warum ist das so?

◉ Mit welchem der vier Zeitstile – Sponti, Träumer, Planer oder Abarbeiter – können Sie sich am ehesten identifizieren? In welchem der vier Quadranten landet höchstwahrscheinlich Ihr Partner? Wie würden Sie Ihre Kombination von Zeitstilen beschreiben (worin bestehen die Stärken und Schwächen)?

◉ Wann wollen Sie über die Ergebnisse Ihres Online-Zeitstil-Ehetests sprechen? Seien Sie hier möglichst konkret (wir möchten nicht, dass Sie sich die Hilfe, die dieser Test bietet, entgehen lassen).

Kapitel 5

Prioritäten:
Vom Zeitfinden füreinander
zum Zeitnehmen füreinander

Zeit ist wie Sauerstoff – es gibt eine zum Überleben notwendige
Mindestmenge. Und es ist sowohl eine bestimmte Menge als auch
eine bestimmte Qualität nötig, um eine herzliche und liebevolle
Beziehung zu entwickeln.
Armand Nicholi

„Wenn Jim mir noch einmal sagt, dass ich still sein soll, ‚weil das
Spiel angefangen hat‘, dann flippe ich aus." Tinas Frust war mit
den Händen zu greifen, als sie in unserem Beratungszimmer auf
der gemütlichen Couch neben ihrem Mann saß, dem sein Unbehagen deutlich anzumerken war.

Ich (Leslie) warf Les einen kurzen Blick zu, um ihm meinen Ein-
druck zu signalisieren, dass diese Sitzung ziemlich angespannt
verlaufen könnte.

„Durch Satellitenempfang und die vielen reinen Sportpro-
gramme, die es gibt, wird eigentlich immer irgendein Spiel über-
tragen. Letztes Frühjahr habe ich gedacht, ich werde noch verrückt, als sich die Spiele der Basketballmeisterschaft bis in den
Sommer hineinzogen. Jetzt ist gerade die Baseballmeisterschaft
in vollem Gange. Der Sport frisst unsere Beziehung praktisch völlig auf", fuhr Tina fort.

Tina (38) und ihr Mann Jim (41) stritten sich endlos über Jims
vermeintliche Sucht nach Sportübertragungen im Fernsehen.
Tina, die früher als Floristin gearbeitet hatte, war seit der Geburt
ihrer Zwillinge vor fast zwei Jahren zu Hause. Jim arbeitete als
Grafiker in einer kleinen Agentur, die er zusammen mit einem
Partner führte. Er entgegnete, dass seine Frau bezüglich dieser Si-

tuation überreagieren würde, und er konnte nicht verstehen, wieso sie sich so sehr aufregte.

„Sie ist verrückt. Ich habe ihr ständiges Gemecker so satt, besonders das übers Fernsehen", sagte Jim. „Ja, ich bin ein Sportfan. Ist das etwa ein Verbrechen? Ich gucke schon längst nicht mehr so viel wie früher und nicht annähernd so viel, wie Tina behauptet."

„Jim hat alle unsere Fernseher im Haus gleichzeitig an", sagte Tina, „damit er nur ja nichts verpasst, wenn er von einem Raum in einen anderen geht. Und in dem Augenblick, in dem er sich ins Auto setzt, macht er auch dort gleich das Radio an. Alle Geräte sind auf Sportsender eingestellt. Er muss immer die neuesten Ergebnisse wissen. Sogar im Bett hat er die Fernbedienung in der Hand und schläft dann irgendwann so ein."

„Das ist doch gar nicht wahr, Tina." Dann wandte er sich Les und mir zu. „Ach, wissen Sie, sie ist einfach fertig und ständig müde wegen der beiden Kleinen – meinen Sie etwa, das bin ich nicht? Das ist aber doch noch längst kein Grund zu explodieren, nur weil ich mir ein Spiel angucke. Letzte Woche hat sie mit den Türen geknallt und geheult, weil ich eingeschlafen bin, als sie mir was erzählen wollte. Entschuldigung, aber das habe ich wirklich nicht verdient. Ich bin ein guter Vater – wie viele Männer kennen Sie, die sich nach der Geburt eines Babys zwei Monate lang beurlauben lassen? Glücklicherweise habe ich einen verständnisvollen Geschäftspartner und wir haben genügend Aufträge in der Firma, dass das möglich ist."

„Wissen Sie, wie das ist, wenn man mit Werbung zugedröhnt wird, wo man geht und steht?", fragte Tina.

„Nein, eigentlich nicht", unterbrach Les. „Aber ich weiß, wie es ist, wenn Sie beide sich gegenseitig damit zudröhnen, wie sehr Ihnen der andere zuwider ist."

Ich zuckte innerlich zusammen, als Les das so unverblümt aussprach. Aus therapeutischer Sicht wusste ich, was er da tat, aber ich rechnete schon fast damit, dass Jim und Tina an dieser Stelle aufstehen und auf der Stelle die Beratung abbrechen würden. Aber das taten sie nicht. Sie taten genau das, was Les gehofft hatte.

„Moment mal, Doktor", sagte Jim und sah Les dabei an. „Ich liebe Tina."

Einen Moment lang sagte niemand von uns etwas. Ganz langsam schaute Les von Jim zu Tina. Beide sagten nichts.

„Wirklich, Tina ... ich liebe dich wirklich", sagte Jim und sah sie dabei an. Er legte seine Hand auf ihr Knie und schien tief bewegt. Tina hatte Tränen in den Augen.

Wieder auf die richtige Spur kommen

Man nennt dies auch den therapeutischen Wendepunkt, wenn all die Nebenschauplätze, die einem Paar die Sicht auf die wirklich wichtigen Themen versperren, all die sinnlosen Streitereien plötzlich verblassen und beide Partner ganz klar erkennen, worum es eigentlich geht.

Und an dieser Stelle mischte ich mich wieder ins Gespräch ein. „Was empfinden Sie jetzt, Tina? Wie geht es Ihnen mit dem, was Jim gerade gesagt hat?", fragte ich.

Tina schmolz förmlich dahin. „Er hat ja recht", gestand sie unter Tränen ein. „Ich bausche unsere Probleme schon etwas auf. Er ist wirklich ein toller Vater ... aber er fehlt mir einfach. Wo bleibt denn die Zeit für uns? Seit die Zwillinge da sind, haben wir gar keine Zeit mehr zusammen, und das macht mich langsam wahnsinnig."

Damit dieser Augenblick großer Verletzlichkeit nicht einfach verpuffte, machte ich Tina Mut, mit ihren übertriebenen Anschuldigungen etwas zurückzurudern. In den darauffolgenden Wochen setzte sie sich mit ihrer Tendenz auseinander, schon fast reflexartig Jim in die Defensive zu drängen. Gleichzeitig musste er aber auch aufhören, sie als verrückt zu bezeichnen, denn damit drückte er bei ihr ein Knöpfchen, das jedes Mal eine Explosion auslöste. Und außerdem musste Jim eingestehen, dass sein Verhalten manchmal ziemlich provozierend war. Les wies darauf hin, dass sein exzessiver Konsum von Sportsendungen eine Flucht war, die jeden freien Augenblick ihrer Ehe fraß.

Als Tina den Schritt vom Fordern zum Bitten gewagt hatte, ließen ihre Tiraden nach und damit auch Jims Frust. Irgendwann war Jim dann auch bereit, seinen Fernsehkonsum auf die Zeiten zu beschränken, in denen Tina nicht zu Hause war.

Als sie sich dann immer mehr wie ein Team wahrnahmen, begannen sie, gemeinsam zu überlegen, wie sie mehr Zeit miteinander verbringen könnten. Nach ein paar Wochen kristallisierte sich heraus, dass sie wieder auf dem richtigen Weg waren.

„Wir haben unseren Kompass wieder genordet", sagte Jim. „Wir schaffen es jetzt schon viel besser, unseren Blick auf das zu richten, was am wichtigsten ist ... Sie wissen schon, den anderen zu lieben und unseren beiden Jungen ein möglichst gutes Zuhause zu geben. Es stimmt offenbar, dass wir jetzt wieder mehr Zeit miteinander verbringen, weil unsere Prioritäten geklärt sind und wir im Blick haben, was am wichtigsten ist."

Wie haben die beiden das hinbekommen? Indem sie ganz praktisch geworden sind. Als sie erst einmal festgestellt hatten und sich darin einig waren, worauf es wirklich ankam, folgten positive Ergebnisse. So beschlossen sie zum Beispiel, sich in einem Fitnessstudio anzumelden, das eine Kinderbetreuung anbot, sodass sie jetzt dreimal pro Woche zusammen Sport treiben können. Sie sind beide leidenschaftliche Sportler und haben dadurch die Möglichkeit, gemeinsam etwas zu unternehmen, was ihnen beiden Spaß macht. Außerdem fanden sie eine Pädagogikstudentin, die an einem „Zwillingsprojekt" arbeitete. Sie kommt jetzt einen Abend pro Woche, sodass Jim und Tina jeden Donnerstagabend ein Date haben und etwas gemeinsam unternehmen können.

Die offizielle Eheberatung der beiden war nach drei Monaten beendet, aber Jim und Tina geben ihrer Ehe auch weiterhin eine hohe Priorität – mit dem Ergebnis, dass sie noch mehr Zeit miteinander verbringen.

Ist es Ihnen auch schon mal wie Jim und Tina ergangen? Haben Sie auch schon einmal das Gefühl gehabt, vom richtigen Weg abgekommen zu sein und das Wichtigste zu vernachlässigen? Fast jedes Ehepaar tappt irgendwann einmal in diese Falle. Der Grund dafür lässt sich mit einem Wort formulieren: *Ablenkungen*. So wie Jim lassen wir uns ablenken durch oberflächliche Wünsche und ungute Leidenschaften. Und so wie Tina verlieren wir die Fassung und regen uns permanent und irrational übertrieben auf. Kurz, wir geraten aus dem Gleichgewicht. Unsere Beziehung wird völlig mit Beschlag belegt von Zweitrangigem, das unsere Zeit frisst und uns davon abhält, uns weiter auf unser Ziel zuzubewegen.

Wenn Sie das Gefühl haben, vom richtigen Weg abgekommen zu sein, dann kann Ihnen dieses Kapitel helfen, die Räder Ihrer Beziehung neu aufzuziehen und die Beziehungsreifen auszuwuchten. Sie kommen dadurch wieder auf den Weg zurück, auf dem Sie eigentlich unterwegs sein wollten, Ablenkungen werden ausgeschaltet und Sie kommen nicht so leicht wieder vom Kurs ab.

Wie man sich Zeit nehmen kann

Einer der häufigsten Irrtümer hinsichtlich von Zeit ist der, dass man sie „finden" kann. In jedem Businessmagazin und jeder Frauenzeitschrift gibt es Artikel darüber, wie man Zeit für etwas finden kann. Wir reden über Zeit, als wäre sie etwas, das man unter einem Polster der Wohnzimmercouch oder hinter einem ausrangierten Möbelstück im Keller versteckt halten kann. Tatsache ist, dass wir Zeit niemals finden werden, aber wir können uns sehr wohl mehr Zeit „nehmen".

Und das geschieht immer dann, wenn wir entscheiden, was am wichtigsten ist, worauf es am meisten ankommt. Wenn Sie entscheiden, dass das Briefmarkensammeln das Wichtigste in Ihrem Leben ist, dann organisieren Sie wahrscheinlich Ihren Tag um dieses Hobby herum, Sie geben mehr Geld dafür aus als für andere Dinge und sie sprechen viel darüber. Weil diese Sache eine hohe Priorität für Sie hat, treffen Sie Entscheidungen, durch die Sie noch mehr Zeit dafür gewinnen.

Sie werden niemals Zeit finden für irgendetwas Bestimmtes. Wenn Sie Zeit möchten, dann müssen Sie sie sich nehmen.
Charles Buxton

„Der Grund, weshalb so viele Ziele nicht erreicht werden, besteht darin, dass wir so oft das Zweitwichtigste vor dem Wichtigsten tun", schreibt der Businessautor Robert J. McCain. Und er hat damit ja so recht. Auch wenn wir behaupten, dass unsere Ehe an erster Stelle steht, hat das absolut keine Auswirkungen, wenn wir unsere Zeit mit Dingen füllen, die auf unserer Prioritätenliste erst dahinter rangieren. Es sind zwei ganz unterschiedliche Paar Schuhe zu behaupten, dass etwas Priorität hat, und es auch tatsächlich zu einer Priorität zu machen. Wenn Sie also lediglich Lippenbekenntnisse ablegen, aber keine Zeit investieren, um Ihrer Ehe wirklich Vorrang zu geben, dann hier ein paar ganz praktische Hinweise, wie Sie wieder auf die richtige Spur kommen und sich mehr Zeit für Ihre Ehe nehmen können.

Tun Sie das Richtige

Überlegen Sie, was für Ihre Ehe das Richtige ist. Welche Aktivitäten könnten Sie als Paar wieder stärker zusammenbringen? Für uns als Ehepaar ist es eine Verabredung pro Woche. Wir wissen, dass unsere Ehe darunter leidet, wenn wir uns dafür nicht jede Woche Zeit nehmen, und das ist manchmal ein echter Kampf. Unsere Auswärtstermine kommen dazwischen oder wir bekommen keinen Babysitter, außerdem ist es teuer, und oft fällt es uns auch schwer, einfach unsere Jungs zu Haus zurückzulassen. Wir hätten also reichlich Gründe, unsere Verabredungen sausen zu lassen, aber wir wissen, dass es nicht richtig wäre.

Man kann seine Prioritäten nur wahren, wenn man es lernt, taktvoll, aber klar jede Bitte abzuweisen, die nicht zum Erreichen des Ziels beiträgt.
Ed Bliss

Und übrigens, nur weil man weiß, was richtig ist, heißt das ja noch lange nicht, dass die Umsetzung auch stets klappt. Geben Sie also nicht etwas Gutes auf, nur weil es Ihnen nicht immer perfekt gelingt. „Konzentrieren Sie sich als Erstes darauf, das Richtige zu tun", sagt der bekannte Managementexperte Peter Drucker. „Es gibt keine schlimmere Verschwendung, als das Falsche richtig gut zu machen."

Manchmal schaffen wir auch nicht mehr, als nur ein, zwei Stunden zusammen aus dem Haus zu gehen, und zwar ohne Tischreservierung in einem Restaurant oder ein bestimmtes Ziel. Aber das macht nichts. Es ist völlig in Ordnung. Es ist einfach richtig, Zeit miteinander zu verbringen, auch wenn die Form nicht immer ganz so ist, wie sie sein sollte.

Wissen, was man lassen kann

Tharon und Barbara Daniels gehören zu den lockersten und entspanntesten Menschen, die wir kennen. Sie arbeiten viel und hart, aber wir beobachten ihre Ehe nun schon seit über zehn Jahren und stellen fest, dass sie offenbar immer Zeit füreinander haben. Inzwischen sind ihre Kinder aus dem Haus, wodurch es etwas einfacher geworden ist. Aber als wir sie kennenlernten, hatten sie noch zwei Teenager im Haus.

„Vor ein paar Jahren, als wir noch viel mit den Kindern um die Ohren hatten, habe ich die Entscheidung getroffen, mit dem Golfspielen aufzuhören", erzählte uns Tharon. „Das klingt vielleicht verrückt, aber das Golfspielen verschlang jedes Mal meinen gesamten freien Tag, wertvolle Zeit, die ich mit Barbara hätte verbringen können, weil sie mir doch viel wichtiger ist als das Golfspielen." Inzwischen spielt Tharon wieder häufig Golf, aber in der damaligen Lebensphase wusste er einfach, dass es besser war, es sein zu lassen. Indem er dieses Opfer brachte, hatte er mehr Zeit für das, was am wichtigsten war.

Neben der edlen Kunst, Dinge zu erledigen, gibt es auch die edle Kunst, Dinge zu lassen. Die Weisheit des Lebens besteht im Eliminieren des Unwesentlichen.
Lin Yutang

Diese Entscheidung muss nicht unbedingt für jeden richtig sein, denn mit manchen Ehepartnern lebt es sich einfach besser, wenn sie regelmäßig etwas unternehmen, was nur ihnen wirklich Spaß macht.

Worauf wir hinauswollen: Man findet sicher etwas, das man lassen kann, wenn es einem wirklich ernst damit ist, sich mehr Zeit füreinander zu nehmen. Das bedeutet, dass man taktvoll, aber bestimmt Nein sagen muss zu den Dingen, die einem die gemeinsame Zeit rauben. In Kapitel 7 gehen wir darauf noch einmal näher ein.

Zunächst möchten wir Ihnen aber das Gebet von Elizabeth Fry, einer englischen Quäkerin aus dem 18. Jahrhundert ans Herz legen, das sich leicht nachsprechen lässt: „Oh Herr, bitte führe mich in dem, was ich tun, und dem, was ich lassen soll."

Erstellen Sie eine „Wenn-ich-heute-sonst-nichts-tue"-Liste

Was steht heute auf Ihrer Aufgabenliste? Der Pilates-Kurs? Der überquellende Korb mit Schmutzwäsche? Die vier Anrufe, die Sie eigentlich schon gestern erledigen wollten? Der fällige Ölwechsel? Seien wir ehrlich, die Listen mit Dingen, die wir zu erledigen haben, sind doch bei den meisten von uns endlos lang. Und trotzdem setzen wir uns mit Schuldgefühlen unter Druck, weil wir die Liste nie abarbeiten, die höchstwahrscheinlich noch nicht einmal zu bewältigen wäre, wenn wir einen Klon hätten.

Deshalb hier ein Angebot. Wenn Ihre Liste so lang ist wie das Telefonbuch von New York, nehmen Sie dies als gegeben hin. Sie haben viel zu tun und Sie werden niemals alles schaffen. Erstellen Sie deshalb eine Prioritätenliste dessen, was Sie auf jeden Fall geschafft haben wollen, bevor Sie am Abend Ihr Haupt aufs Kissen betten. Was ist heute am wichtigsten in der Zeit, die Sie mit Ihrem Ehepartner gemeinsam verbringen? Das ist jetzt nicht irgendein Schickimickiansatz, um die Uhr zu überlisten. Schreiben Sie einfach folgenden Satz auf und vervollständigen Sie ihn:

Wenn ich *heute* sonst nichts für meine Ehe tue, ich werde auf jeden Fall ...

Überfragt? Keine Idee? Hier ein paar Beispiele: „Wenn ich heute sonst nichts für meine Ehe tue, werde ich auf jeden Fall mit meinem Partner einen zwanzigminütigen Spaziergang um den Block machen.

… werde ich auf jeden Fall meine Partnerin mit einem entspannten Essen in einem Restaurant überraschen.

… werde ich auf jeden Fall für meinen Ehepartner beten, dass er heute nicht so viel Stress hat."

Sie merken, worauf ich hinauswill. Jeden Tag können Sie sich diese eine Sache überlegen, die Sie tun können, um sich mehr gemeinsame Zeit zu *nehmen*. Wenn diese eine Sache erst einmal Priorität hat, werden Sie sich dafür auch die nötige Zeit nehmen.

Schaffen Sie Spielraum für das Unerwartete

Henry Kissinger war in den 70er-Jahren Außenminister der Vereinigten Staaten und ist durch seine Kompetenz auf dem ebenso komplexen wie hochsensiblen Gebiet der Außenpolitik bekannt geworden, aber in aller Munde war auch sein mit ironischem Unterton geäußerter Ausspruch: „Nächste Woche darf es keine Krise geben; mein Terminkalender ist schon voll."

Wir wissen genau, was damit gemeint ist. Wenn ein Termin den anderen jagt, dann bleibt einfach kein Raum für Unerwartetes. Doch wenn man mit etwas immer rechnen muss, dann mit dem Unerwarteten. Ob es der Stau auf der Autobahn ist, der einen zusätzlich Zeit kostet, oder eine Fehleinschätzung, durch die ein Auftrag oder ein Projekt sich verspätet, oder ein Missverständnis, das einen aus der Bahn wirft – das Unerwartete ist unvermeidbar. Schaffen Sie also Spielräume dafür. Kalkulieren Sie immer etwas zusätzliche Zeit ein, damit Sie nicht das Gefühl haben, irgendwie zerfranst zu sein.

Ein gutes Leben sollte, genau wie ein gutes Buch, einen guten Rand haben. Die sympathischsten Menschen auf der Welt sind diejenigen, die einem das Gefühl geben, dass sie nie in Eile sind.
F. W. Boreham

Wir persönlich bezeichnen das in unserer Beziehung als Polster. Und um ehrlich zu sein, wir stellen auch unsere Uhren entsprechend. Wenn wir um 7:00 Uhr morgens aufstehen müssen, dann stellen wir den Wecker auf 6:50 Uhr. Diese kleine Selbsttäuschung versorgt uns mit einem Polster. Möglicherweise funktioniert das bei Ihnen nicht, aber vielleicht finden Sie dafür andere kleine Tricks, um sich in Ihrem Tagesablauf zeitliche Spielräume zu verschaffen. Ob Sie zehn Minuten früher das Büro verlassen und schon Monate im Voraus Weihnachtsgeschenke einkaufen oder den Babysitter früher bestellen, als Sie ihn eigentlich brauchen, zeitliche Spielräume verringern das Chaos und verschaffen Ihnen ein bisschen mehr Zeit für Ihre Ehe.

Bereinigen Sie Ihren Terminplan von Ablenkungen

In Seattle, der Stadt, in der wir leben, gibt es eine Bevölkerungsgruppe, die als „die Fährenleute" bekannt ist. Das sind die Menschen, die auf Bainbridge Island oder Vashon wohnen. Wenn sie tagsüber zur Arbeit oder aus anderen Gründen im Stadtzentrum von Seattle sind, dann gibt es für sie nur eine Möglichkeit, wieder zurück nach Hause zu kommen: die Fähre. Es ist eine kurze Fahrt, aber die einzige Transportmöglichkeit. Das hat zur Folge, dass ihr Alltag und ihr Leben ganz und gar vom Fahrplan der Fähre bestimmt wird. Wenn diese Leute beispielsweise abends in der Stadt essen gehen und die Abfahrt der letzten Fähre nähert sich, dann kann man erleben, wie in den Restaurants wie auf ein geheimes Zeichen hin plötzlich ein großer Teil aller Gäste gleichzeitig aufbricht und sich auf den Weg zur Fähre macht.

> *Wenn Menschen sich darüber beklagen, dass sie nicht genug Zeit haben, um etwas Bestimmtes zu tun, dann sagen sie im Grund damit, dass diese Sache keine Priorität für sie hat, und sie entscheiden sich an deren Stelle für eine andere Aktivität.*
> Allison Carter

Sie sind vielleicht mitten in einer interessanten Geschichte oder bei einem köstlichen Dessert, aber nichts hält sie davon ab, den Fahrplan im Kopf zu behalten.

Da drängt sich doch folgende Frage auf: Wenn wir Sklaven eines Fährenfahrplans werden können und nichts und niemand uns daran hindern kann, rechtzeitig zur Abfahrt am Anleger zu sein, können wir dann nicht auch unserer Ehe eine so hohe Priorität einräumen? Können wir nicht verhindern, dass uns hinsichtlich der Zeit, die wir eigentlich für unsere Beziehung eingeplant haben, Ablenkungen stören und einschränken? Natürlich können wir das.

Und genau das ist das Fazit dieses Kapitels – unseren Terminplan so gut es geht zu bereinigen, damit uns immer klar und bewusst ist – und auch bleibt –, was am wichtigsten ist.

Pulitzerpreisträger Sidney Howard hat einmal so schön gesagt: „Zu wissen, was man will, besteht zu fünfzig Prozent darin zu wissen, was man aufgeben muss, bevor man es bekommen kann."

Was können Sie also aufgeben beziehungsweise sein lassen, um mehr Zeit für Ihre Ehe zu bekommen? Im nächsten Kapitel werden wir Ihnen bei der genaueren Beantwortung dieser Frage behilflich sein, indem wir Ihnen zeigen, wie Sie Ihre „Primetime" der Wichtigkeit nach gemeinsam einteilen können.

Nachgedacht

◎ Wenn Sie sich „mehr Zeit nehmen" wollen, besteht ein großer Schritt in dieser Richtung darin, die wichtigen Dinge an die erste Stelle zu setzen und sie dann auch zu tun. Wieso kann es so schwierig sein, Prioritäten zu setzen und zuzulassen, dass Ihre Entscheidungen dadurch gelenkt werden?

◎ Benennen Sie eine konkrete Zeit, in der Sie das Gefühl hatten, Ihre Prioritäten wären durcheinandergeraten, mit der Folge, dass Sie dadurch Zeit verschwendeten oder falsch einsetzten. Wodurch sind damals Ihrer Meinung nach Ihre Prioritäten durcheinandergeraten, und, was vielleicht noch wichtiger ist, was können Sie tun, damit so etwas nicht wieder passiert?

◎ Was würden Sie für eine Weile „sein lassen"? Etwas, wodurch Sie mehr gemeinsame Zeit mit Ihrem Partner hätten und dessen Unterlassung keinen gravierenden Effekt haben würde.

Kapitel 6

Primetime:
Möglichst viel aus der Zeit machen,
auf die es am meisten ankommt

Wir leben zu einer Zeit in der Geschichte, in der Veränderung
so schnell geschieht, dass wir die Gegenwart erst dann sehen
können, wenn sie schon wieder vorbei ist.
R. D. Laing

„Das ist jetzt aber nicht Ihr Ernst, oder?" Seine Frage war ironisch
gemeint.

„Na, jetzt wird's aber interessant." Ihr Tonfall und ihr Gesichts-
ausdruck ließen unschwer erkennen, wie frustriert sie war.

Wir hatten eine ganz einfache Frage gestellt, eine Frage, die
wir eigentlich jedem Paar stellen, das zu uns in die Beratung
kommt: Wann hatten Sie das letzte Mal ein Date – nur Sie beide
allein?

Wir könnten als Rest des Kapitels jetzt einfach eine Aufzäh-
lung all der Gründe bringen, die uns Leute normalerweise dafür
nennen, dass sie keine Zeit miteinander verbringen. Drei Kinder,
deren Schulen, Sportmannschaften, Kurse, Proben, Vorspielen,
hilfsbedürftige Eltern, Haushalt, Autowartung, Instandhaltung
von Haus und Garten sowie die Mitgliedschaft in einer Kirchen-
gemeinde und den damit verbundenen ehrenamtlichen Tätigkeiten. Ach ja, und dann ist da ja auch noch der Beruf. Und gelegent-
liche Überstunden.

Nachdem bei diesem besagten Paar eine Woche, ein Monat
oder ein ganzes Jahr nur so vorbeigerauscht war, hatte es in diesem Zeitraum keinen Millimeter Freiraum für einen Abend zu
zweit gegeben.

Also stellten wir unsere Frage noch einmal: „Wann haben Sie das letzte Mal einen Abend nur zu zweit verbracht?" Und wir bekamen genau die Antwort, die wir erwartet hatten. Sie schauten sich an, seufzten und sagten: „Das ist schon ziemlich lange her."

Und so sollte es eigentlich nicht sein. Die meisten Paare – vielleicht sogar alle –, die heiraten, sind entschlossen, miteinander Zeit zu zweit zu verbringen, genauso wie in der Zeit vor der Hochzeit. Aber irgendwo unterwegs, kurz nachdem das erste Baby da ist oder es eine Beförderung gegeben hat, wird das Leben komplizierter, anstrengender und vollgepackter.

Manchmal ist es aber auch so, dass sich die Augenblicke, die eine Ehe romantisch und liebevoll machen, bereits vor der Geburt des ersten Babys nach und nach verflüchtigen, wenn das Ehepaar eigentlich noch ziemlich sorglos und unbeschwert leben könnte. Das liegt in der Regel daran, dass schon jetzt beide Partner ständig beschäftigt sind. Anders ausgedrückt, die Ehe wird dem Terminkalender untergeordnet.

In diesem Kapitel möchten wir Ihnen dabei helfen, dies zu ändern. Wir wollen dabei gar nicht auf einem regelmäßigen Abend zu zweit herumreiten, so wichtig der auch sein kann, sondern wir möchten Ihnen freie Momente neu aufzeigen – vielleicht entscheidende Momente, die Sie möglicherweise einfach achtlos liegen lassen. Anders ausgedrückt, wir möchten Sie auf freie Zeit aufmerksam machen, von der Sie wahrscheinlich nicht einmal wissen, dass Sie sie haben.

Was ist ein „entscheidender Moment"?

Wenn unser Lebenstempo ständig schneller wird, geschieht etwas Seltsames: Unsere Definition von „ein Moment" wird kontinuierlich kürzer, weil unsere Wahrnehmung der Zeit sich in immer kleineren Einheiten abspielt. Indem wir jeden Tag mit einer Menge Aktivitäten und Ereignissen vollstopfen, haben wir nicht mehr die Zeit, sie wirklich sinnvoll und als bedeutsam zu erleben. Denn sobald wir endlich innerlich bei dem Ereignis angekommen sind, das gerade stattfindet, müssen wir uns eigentlich schon wieder auf das nächste einstellen. Folglich halten unsere bedeutungsvollen Augenblicke in etwa so lange wie ein Eiswürfel in einer Bratpfanne. Sie verschwinden derart schnell, dass wir nicht einmal wissen, was wir verpasst haben.

Lassen Sie uns deshalb damit beginnen, etwas genauer zu erkunden, was der Begriff „ein Moment" eigentlich bedeutet. Das Wörterbuch definiert ihn als einen „Zeitpunkt". Nun gut, das ist allerdings für unsere Zwecke ein bisschen zu vage gefasst. Vielleicht lässt sich etwas mehr Licht in die Sache bringen, wenn man den lateinischen Ursprung des Wortes zugrunde legt. Moment kommt von *Movimentum* und bedeutet wörtlich „etwas bewegen". Mit anderen Worten, ein Moment verändert etwas. Er bewegt uns.

Psychologisch betrachtet, ist ein Moment eine Gelegenheit, bei der wir innerlich besonders offen dafür sind, die vollen Auswirkungen eines Ereignisses aufzunehmen – so klein dies auch sein mag. Anders ausgedrückt, wenn Sie innerlich bereit sind, kann ein einzelner Punkt in der Zeit Sie verändern, indem er Sie berührt und innerlich bewegt. Er kann bewirken, dass die Liebe mehr Raum gewinnt.

Die meisten Menschen jagen dem Vergnügen in so atemloser Hast hinterher, dass sie daran vorbeirennen.
Sören Kierkegaard

Denken Sie an das zweite Kapitel, in dem wir dargelegt haben, dass Ihre Ehe deutlich dadurch definiert wird, wie Sie Ihre Zeit verbringen. Genau darauf wollen wir jetzt hinaus. Die Ehe ist eine Aneinanderreihung von Momenten, einzelnen Zeit-Punkten, Tag für Tag. Und jeder dieser Momente kann beide Partner zur Liebe hinbewegen, wenn sie daraus so viel wie möglich machen. Ehe ist nicht das Warten auf die spektakulären Ereignisse. Wenn wir unser Leben damit verbringen, immer auf die nächste Sensation zu warten, dann rauschen wir an den kleinen, eher unspektakulären „Zwischendurch-Momenten" unserer Ehe vorbei.

Bei genauerem Hinsehen machen diese „Zwischenzeiten" aber im Grunde den größten Teil unseres Lebens aus. Doch wenn wir sie als unbedeutend abtun, dann werden sie das auch. Dabei haben solche Momente eine Menge zu bieten. Wenn wir uns darauf konzentrieren, in diesen Zeiten wirklich aufmerksam zu sein und sie ganz und gar bewusst zu erleben, dann werden sie unsere Ehe mit Leben und Liebe erfüllen.

Wenn Sie möchten, dass die Liebe in Ihnen und Ihrer Ehe mehr Raum gewinnt, dann hängt das in erster Linie davon ab, wie „achtsam" Sie mit Ihren Momenten umgehen.

Wie man einen Augenblick ganz und gar auskosten kann

„Bring Jackson doch mal dazu, in meine Richtung zu gucken; sein Gesicht ist im Schatten", sagte ich zu Leslie.

„Er will aber die Enten füttern."

„Ich weiß, aber wenn du willst, dass ich jetzt ein Foto von ihm mache, damit wir weiter zur Kindereisenbahn gehen können, dann musst du ihn dazu bringen herzuschauen", sagte ich ungeduldig, während unser Zweijähriger ein paar Brotstückchen ins Wasser warf und ich unbequem am Rande des Bootssteges herumhangelte, um ein Foto von ihm hinzubekommen.

> *Wenn Sie auf Ihr Leben zurückblicken, werden Sie feststellen, dass die Augenblicke, in denen Sie wirklich gelebt haben, die Augenblicke sind, in denen Sie Dinge mit Liebe getan haben.*
> Henry Drummond

„Ich weiß – oh, die Ente ist aber wirklich aggressiv", lachte Leslie. Und Jack lachte auch.

„Ihr hört mir ja gar nicht zu. Vielleicht ist an der Minieisenbahn eine lange Schlange." Ich war schon völlig gereizt, als ich versuchte, die beste Ausleuchtung zu erreichen und dann schnell den richtigen Blickwinkel hinzubekommen, um ein Foto zu machen, das diesen besonderen Moment möglichst gut einfing.

„Ich höre dir wohl zu", sagte Leslie. „Aber dir ist anscheinend unser Zeitplan wichtiger als der Augenblick. Jack hat hier gerade ziemlich viel Spaß beim Entenfüttern. Wen kümmert es da, wenn wir die Bahn verpassen?"

Und sie hatte recht. Es war ein sonniger Sonntagnachmittag

im Stanley Park in Vancouver. Es gab keine Termine und keinen Plan, außer es uns gut gehen zu lassen, und ich hatte mir in den Kopf gesetzt, dass sich das am besten durch eine Fahrt mit der Minieisenbahn für unseren kleinen Sohn umsetzen ließe. Ich führte also die Regie in einem Zeitplan, den ich uns selbst auferlegt hatte, und genau der verhinderte, dass ich den Augenblick leben und genießen konnte. Ich verpasste den Spaß, den ich unmittelbar vor mir hatte, nämlich Enten zu füttern und zu lachen. Und genau das sind die Momente, aus denen die Liebe und das Leben gemacht sind. Doch ich war gerade dabei, sie einfach an mir vorbeirauschen zu lassen.

Ist Ihnen das auch schon passiert? Haben Sie auch schon mal etwas verpasst, weil Sie innerlich gar nicht anwesend, sondern in Gedanken ganz woanders waren? Das ist eine blöde Frage, das wissen wir natürlich. Denn es gibt sicher niemanden, dem das noch nicht widerfahren ist. Hast und Eile sind die sicherste Methode, die Bedeutung eines Augenblicks zu verpassen. Umgekehrt aber besteht die beste Garantie dafür, einen Augenblick richtig auszukosten, darin, sich innerlich und äußerlich ganz und gar darauf einzulassen, ganz dabei zu sein, mit dem Herzen, allen Sinnen und dem Verstand. Ein Gespür für „Achtsamkeit" ist also der Schlüssel, wenn es darum geht, so viel wie möglich aus jedem Augenblicken herauszuholen.

Achtsamkeit ist eine Lebensweise, die einen vollkommen im Hier und Jetzt sein lässt, ohne Druck oder einem Zeitplan im Nacken. Alle Sinne sind dabei ganz wach und man fühlt sich im gegenwärtigen Moment wohl und zu Hause. Wenn man achtsam ist, ist man im Hier und Jetzt verhaftet, ohne den Wunsch, woanders zu sein oder sich zu beeilen. Man ist also nicht unruhig und man langweilt sich auch nicht. Man ist ganz und gar anwesend.

Und eigentlich ist es jetzt auch überflüssig zu erwähnen, dass Achtsamkeit eines der größten Geschenke ist, das Sie sich selbst und Ihrem Partner machen können. „Das kostbarste Geschenk, das wir anderen machen können, ist unsere Anwesenheit", sagt der buddhistische Gelehrte Thich Nhat Hanh. Wenn die Menschen, die wir lieben, von Achtsamkeit umgeben sind, dann werden sie aufblühen wie Blumen.

Ein paar ganz alltägliche, aber erwähnenswerte Momente

Jetzt, da wir definiert haben, was „ein Moment" ist, und wissen, wie man ihn ganz auskosten kann, möchten wir auf ein paar Momente innerhalb der Ehe hinweisen, die besonders häufig einfach übergangen werden und dadurch ungenutzt bleiben. Höchstwahrscheinlich haben Sie einige davon auch schon genutzt, sie eingesetzt, damit die Liebe in Ihrer Beziehung mehr Raum gewinnt. Aber vielleicht können Sie aus diesen Momenten noch mehr machen.

Die Begrüßung

Vielleicht bekommt es Ihr Hund ja besser hin als Sie, Ihren Ehepartner zu begrüßen, wenn er abends von der Arbeit nach Hause kommt. Wenn Sie einen Hund in der Familie haben, dann können Sie an seinem Verhalten beobachten, was es bedeutet, loyal und begeistert zu sein und sich völlig auf das Begrüßungsritual zu konzentrieren. Aber auch wenn Sie keinen Hund haben, können Sie etwas von dem „besten Freund des Menschen" lernen. Denn die Art der Begrüßung bestimmt zu einem Großteil die Atmosphäre, die von diesem Moment an in Ihrer Beziehung herrscht. Wenn das Erste, was Ihr Mann nach dem Betreten der Wohnung von Ihnen zu hören bekommt, die Information ist, dass er wieder mal das Garagentor offen gelassen hat und das Klo verstopft ist, gefolgt von der Frage, wieso er eigentlich die Rechnung vom Klempner noch nicht bezahlt hat, dann lassen Sie die Chance eines großartigen Momentes aus.

Eine liebevolle Begrüßung, eine zärtliche Berührung, ein Kuss oder eine Umarmung können auf jeden Fall den entscheidenden Ausschlag geben. Der Schlüssel, um eine solche Begrüßung hinzubekommen, besteht wie bei allen bedeutsamen Augenblicken darin, sich innerlich darauf einzustellen. Wenn Sie zur Haustür gehen, um Ihren Partner zu empfangen, überlegen Sie vorher, wie Sie ihn begrüßen und mit ihm in Kontakt treten können.

Die Verabschiedung

Genauso wie eine Begrüßung die Möglichkeit für einen positiven Augenblick bietet, gilt das auch für eine Verabschiedung. Vielleicht der berühmteste und liebevollste Abschied überhaupt ist der, den William Shakespeare zwischen Romeo und Julia geschaffen hat:

Gute Nacht, gute Nacht.
Das Scheiden kommt mich so sauer an,
dass ich so lange gute Nacht sagen werde,
bis es Morgen ist.

Also wenn das kein Abschied ist! Wir sagen ja gar nicht, dass der Abschied jedes Mal so dramatisch ausfallen muss – jedenfalls wollen wir das nicht hoffen –, aber wir möchten den Wert, den ein Abschied hat, damit betonen. Ob er am Morgen vor der Arbeit stattfindet oder vor der Abfahrt zu einer etwas längeren Dienstreise, eine gute Verabschiedung ist ein weiterer Moment, den wir nutzen können, um der Liebe mehr Raum zu geben.

Dazu ist eigentlich gar nicht mehr nötig, als daran zu denken, wie wichtig eine schöne Verabschiedung ist. Wenn Sie sagen: „Du wirst mir fehlen", dann ist es wichtig, dass Sie es auch so meinen. Schauen Sie Ihren Partner dabei an, und zwar nicht nur kurz und flüchtig. Zwinkern Sie ihm vielleicht noch einmal liebevoll zu – vorausgesetzt, das wirkt nicht gekünstelt oder gezwungen. Aber das Wichtigste ist, dass Sie innerlich ganz und gar dabei sind.

Vor dem Einschlafen

Zu den wichtigsten Augenblicken Ihrer Ehe können auch die Momente kurz vor dem Einschlafen gehören. Es gibt aber unglaublich viele Ehepaare, die diese Chance ungenutzt verstreichen lassen. Sie denken gar nicht weiter darüber nach und dösen irgendwann mit der Fernbedienung in der Hand bei der Latenight-Talkshow ein oder sie dämmern mit einem Buch in der Hand weg.

Natürlich ist das alles nicht schlimm, aber Paare verpassen dadurch eine der besten Chancen, miteinander in Kontakt zu treten und innig miteinander verbunden zu sein. Sie beenden ihren Tag immer in demselben Trott, indem sie beide nebeneinander in demselben Bett einschlafen, dabei wäre es doch viel schöner, mit schönen Gedanken einzuschlafen, nachdem man auch hier noch miteinander in Verbindung getreten wäre, einen echten Kontakt gehabt hätte.

Wenn es Ihnen so geht wie uns, dann gehen Sie nicht immer zur selben Zeit ins Bett – der eine ist eine Nachteule, der andere ein Frühaufsteher. Aber das bedeutet nicht, dass Sie dafür Ihre Bettgespräche opfern müssen. Nehmen Sie sich ein paar Minuten Zeit füreinander, bevor der Erste von Ihnen wegdöst. Liegen Sie einfach nebeneinander und reden oder beten Sie. Selbst wenn einer von Ihnen dann noch bis zum Morgengrauen wach bleibt, haben Sie auf diese Weise wenigstens diese wunderbare Zeit der Verbundenheit genutzt.

Vor einem schweren Tag

Wir haben doch alle unsere Tiefs – Phasen, in denen wir nicht in Hochform sind. Und auch das sind wieder Momente, in denen die Chance besteht, der Liebe mehr Platz im Leben zu geben. Um das zu erreichen, könnte es vielleicht hilfreich sein, das Ergebnis einer kürzlich durchgeführten Untersuchung über die Unterschiede der Geschlechter zu kennen. Nach einem schweren Tag neigen Frauen eher als Männer dazu, ihren Partner zu kritisieren, während Männer auf Stress im Laufe des Tages eher mit Rückzug vom Partner reagieren.[1] Was auch immer typisch sein mag für das jeweilige Geschlecht, lassen Sie nicht zu, dass ein „mieser Tag" zwischen Ihnen und Ihrem Ehepartner steht.

Sollte Ihr Partner sich zurückziehen oder kurz angebunden oder zickig sein, was vorkommen kann, dann geben Sie bitte trotzdem der Liebe die oberste Priorität, indem Sie im Blick haben, wie schwer sein Tag war, und indem Sie entsprechend damit umgehen. Seien Sie barmherzig mit Ihrem Partner. Sie gewinnen dadurch eine Menge Zeit, die Sie ansonsten vielleicht schmollend zubringen würden. Wie das gelingen kann? Indem Sie dem anderen signalisieren, dass Sie wissen, wie schwer sein Tag war. Wenn Sie die schlechte Stimmung erst einmal einfach so annehmen, statt zu versuchen, sofort etwas daran zu ändern oder ihm das Recht auf miese Stimmung einfach abzusprechen, dann ist für eine bessere Atmosphäre schon viel gewonnen. Sie können Ihrem Partner gegenüber großzügig und verständnisvoll sein, indem Sie ihn trotzdem lieben.

Im ganz normalen Alltag

Ob Sie es glauben oder nicht, die wichtigsten Momente in einer Ehe ergeben sich aus Gewohnheiten. Solche Gewohnheiten werden auch als „Rituale" bezeichnet. Der Ehe- und Familientherapeut William Doherty definiert Eherituale als „soziale Interaktionen, die wiederholt werden, aufeinander abgestimmt sind und eine signifikante positive Bedeutung haben".[2] Im Grunde ist es ein gewohnheitsmäßiger Zeitpunkt, den Sie als Ehepaar bewusst nutzen, um wieder miteinander in Verbindung zu treten, ein geplanter Moment sozusagen. Ein Beispiel dafür wäre eine gemeinsame Tasse Kaffee nach dem Essen.

„Sagen Sie Ihren Kindern dann, dass Sie jetzt ein Weilchen Ihre Ruhe haben möchten", sagt Doherty. „Das ist das klare Signal, dass Sie jetzt den Übergang zu Ihrer ganz eigenen Zeit als Ehepaar vollziehen."

Dann können Sie über persönliche Dinge reden, zum Beispiel wie Sie sich fühlen oder was Sie belastet. An dieser Stelle geht es mal nicht um Planung, Terminabsprachen und um das nächste Fußballspiel des Ältesten. In dieser Zeit werden keine Familienprobleme gewälzt und auch für die Bearbeitung von Konflikten ist das jetzt nicht die Zeit.

Behalten Sie dabei bitte im Blick, dass etwas, das für den einen ein Ritual darstellt, für den anderen langweilige Routine bedeuten kann. Jedes Ehepaar ist da anders. Les und ich beispielsweise machen immer samstagmorgens zusammen Besorgungen. Es wäre sicher effizienter, wenn wir das jeweils getrennt voneinander erledigen würden, aber darum geht es dabei gar nicht. Bei Eheritualen geht es nicht um Effektivität, sondern darum, miteinander in Kontakt und sich nahe zu sein.

Für bleibende Momente sorgen

Erinnerungen werden verstärkt, wenn man sie mit einem Menschen teilt, den man liebt. Deshalb möchten wir dieses Kapitel noch mit einem letzten Gedanken darüber für Sie abschließen, wie man aus gemeinsamen Momenten besonders viel machen kann. Wenn Sie wirklich so viel wie möglich aus solchen Momenten herausholen möchten, dann müssen Sie lernen, wie Sie daraus Erinnerungen machen.

Die meisten Menschen führen ihr Leben nicht, sondern lassen es über sich ergehen, sie nehmen es irgendwie hin. Sie warten auf Erlebnisse, an die es sich zu erinnern lohnt, und kommen gar nicht auf die Idee, dass man Erlebnisse bewusst schaffen kann, aus denen dann schöne Erinnerungen werden. Manche Ihrer schönsten Erinnerungen werden aber nur dadurch zustande kommen, dass Sie aktiv etwas unternehmen, damit sie überhaupt erst entstehen können, vielleicht sogar an einem ansonsten völlig banalen Tag.

> *Den wahren Wert eines Augenblicks kennen wir erst, wenn er sich der Prüfung durch die Erinnerung unterzogen hat.*
> Georges Duhamel

„Erinnerst du dich noch, wie wir auf den Smith Tower gefahren sind?", hat Leslie mich erst neulich gefragt. „Ich bin so froh, dass wir das gemacht haben."

Und das geht mir genauso. Wir befanden uns damals im Zentrum von Seattle, weil ich dort bei der Führerscheinstelle meinen Führerschein verlängern lassen musste – banaler und alltäglicher geht es eigentlich gar nicht –, und dann haben wir ganz spontan beschlossen, mit dem Aufzug auf den zweiundvierzig Stockwerke hohen Smith Tower zu fahren.

Der Smith Tower war bis 1969 das höchste Gebäude in Seattle, ist aber inzwischen im Vergleich mit dem dreiundsiebzig Stockwerke hohen Columbia Tower und anderen Wolkenkratzern eher ein Zwerg. Doch an diesem besagten Tag fühlten wir uns, als ob wir beide – nur wir beide – über allem thronten, obwohl wir eigentlich nur unterwegs gewesen waren, um Besorgungen zu machen. Im Chinese Room ganz oben in dem Wolkenkratzer miteinander zu reden und dabei hinunter auf das Stadion, den Mount Rainier und den Puget Sound zu blicken, das war nicht einfach so passiert, sondern wir hatten uns ganz bewusst dafür entschieden, uns die Zeit dafür zu nehmen. Und inzwischen ist daraus eine Erinnerung geworden, an der wir uns jetzt schon seit drei Jahren immer wieder erfreuen.

Erinnerungen finden nicht uns, sondern wir finden sie. Wir *schaffen* Erinnerungen. Lewis Carroll hat einmal gesagt: „Eine Erinnerung, die nur rückwärtsgeht, ist etwas Erbärmliches."

Wir müssen danach Ausschau halten.

Nachgedacht

◎ Rufen Sie sich ein Erlebnis in Erinnerung, das etwa ein Jahr zurückliegt und das für Sie immer noch ein bedeutsamer Augenblick ist. Wie wurde es dazu und warum erinnern Sie sich immer noch daran?

◎ Jeder Augenblick unseres Lebens als Ehepaar bietet die Chance, der Liebe Raum zu geben. Wann sind Sie zum letzten Mal achtsam gewesen und haben etwas getan, wodurch Ihre Beziehung im wahren Sinne liebevoller geworden ist? Antworten Sie möglichst konkret.

◎ Wenn Sie einmal an den „normalen Alltagstrott" in Ihrer Ehe denken, welche Zeiten würden sich für Sie und Ihren Partner am ehesten eignen, um bewusst miteinander in Kontakt zu treten: beim Begrüßen, Verabschieden, kurz vorm Einschlafen oder an besonders schweren Tagen?

◎ Welches Ehealltagsritual hilft Ihnen, miteinander in Kontakt zu bleiben? Wenn Ihnen keines einfällt, dann überlegen Sie bitte mit Ihrem Ehepartner zusammen, wie Sie ein solches Ritual in Ihren Alltag aufnehmen und integrieren können.

Kapitel 7

Zeiträuber:
Ihre Zeitdiebe auf frischer Tat ertappen

Die Zeit schleicht sich heran wie eine Windschutzscheibe
an ein Insekt.
Jon Lithgow

Um 7:50 Uhr betrat ein Mann ein Burger-King-Restaurant in Ypsilanti, Michigan, zückte eine Waffe und verlangte Bargeld. Der Angestellte sagte, er könne die Kasse nicht öffnen, ohne eine Bestellung einzugeben. Als der Möchtegernräuber daraufhin frittierte Zwiebelringe bestellte, sagte der Angestellte, die gäbe es morgens zum Frühstück noch nicht. Worauf der Mann völlig frustriert wieder aus dem Laden stürmte.

Ein anderer Mann kam in einen kleinen Laden in St. Louis, legte einen Zwanzigdollarschein auf den Tresen und bat um Kleingeld. Als der Angestellte die Kasse öffnete, zog der Mann eine Waffe und verlangte den gesamten Kasseninhalt. Der Mann nahm das Geld und floh, ließ dabei aber den Zwanzigdollarschein liegen. Wie viel er aus der Kasse mitgenommen hat? Fünfzehn Dollar.

In Missouri versuchte ein Kerl ein gestohlenes Armband zu versetzen, das bei der Polizei registriert war und vom Pfandleiher wiedererkannt wurde – es gehörte seiner Frau.

In West Virginia nahm ein mit einem Messer bewaffneter Straßenräuber einen Scheck über dreihundert Dollar von seinem Opfer an. Der Mann wurde verhaftet, als er am darauffolgenden Tag den Scheck einlösen wollte.

In Tennessee merkte ein Einbrecher, dass er seine Turnschuhe in dem Haus vergessen hatte, das er gerade ausgeräumt hatte. Er ging also noch einmal zurück und fragte die Dame des Hauses, ob sie seine Schuhe gesehen hätte. Die Frau rief die Polizei, die den Mann dann festnahm.

Mit solchen verhängnisvollen Fehlern von Verbrechern könnte man Bücher füllen. Und ein solches Buch gibt es sogar. *The Stupid Crook Book* (dt.: Buch der dummen Diebe) von Leland Gregory enthält Dutzende von echten Geschichten über Kriminelle, die geschnappt wurden, weil sie sich so dumm angestellt haben, dass sie einem schon fast wieder leidtun können.

Solche Geschichten haben etwas Unwiderstehliches. Wer hört nicht gern von vereitelten Straftaten, bei denen die Täter auf frischer Tat ertappt wurden? Und genau diesem Thema soll dieses Kapitel gewidmet sein. Wir möchten zeigen, wie Sie die in Ihrem Tagesablauf am häufigsten vorkommenden Zeiträuber schnappen können. Aber Achtung! Diese Gauner sind sehr viel schlauer als die unfähigen Kriminellen, von denen gerade die Rede war. Sie gehen so raffiniert vor, dass man vielleicht nicht einmal merkt, wie viel Ehezeit Sie einem stehlen.

Natürlich gibt es Dutzende von Zeitdieben, die sich mit Zeit aus dem Staub machen, die Sie auch als Ehepaar miteinander verbringen könnten, aber die folgenden vier sind die wohl häufigsten und die hinterlistigsten.

Unerledigtes

Der weit und breit größte Zeiträuber, der um Ihre Beziehung herumschleicht, ist die Vergangenheit. Ihre Gegenwart ist untrennbar mit der Vergangenheit verknüpft. Ich (Les) habe ein ganzes Buch darüber geschrieben, das heißt: *Hätte ich nur ... anders entschieden.* Ich kann Ihnen also versichern, dass ich mich mit dieser Thematik ziemlich ernsthaft und ausführlich befasst habe. Ihre Vergangenheit kann Ihnen auf raffinierte Weise Ihre Gegenwart rauben. Machen Sie nicht den Fehler, dass Reue, Schmerz oder Schuldgefühle über etwas, das vor zwanzig Jahren oder auch vor zwei Stunden passiert ist, Sie belasten, denn so können Sie auf keinen Fall voll und ganz in der Gegenwart leben. Solange Sie also permanent über Ihre Schulter zurückblicken, werden Sie das Gefühl haben, Altlasten mitzuschleppen.

Schlimm daran ist, dass diese Altlasten ein Eigenleben bekommen und Ihre Zeit aufzehren wie nur wenig anderes. Warum das so ist? Weil sich das Gehirn an Unerledigtes und an Dinge, bei denen wir versagt haben oder gescheitert sind, länger erinnert als an das, was uns gelungen ist und was wir beendet und abgeschlossen haben. Wissenschaftler bezeichnen das als „Zeigarnik-Effekt"[1]. Wenn ein Projekt abgeschlossen ist, gibt das Gehirn ihm keine Priorität mehr und entfernt es damit quasi aus dem Arbeitsspeicher. Wenn man aber etwas bereut oder bedauert, dann ist dies nicht abgeschlossen. Das Gehirn dreht die Erinnerung daran immer wieder hin und her und versucht Wege zu finden, das Durcheinander in Ordnung zu bringen und es vom Status „Unerledigt" in den „Erledigt"-Ordner zu verschieben. Aber das kann nur gelingen, wenn Sie dabei mithelfen.

> *Der einzige Nutzen von etwas, das man über die Vergangenheit weiß, besteht darin, einen für die Gegenwart auszurüsten.*
> *Die Gegenwart enthält schon alles.*
> *Sie ist heiliger Boden.*
> Alfred North Whitehead

Wenn Sie etwas Unerledigtes aus Ihrer Vergangenheit abschließen müssen, dann beginnen Sie damit am besten an der Stelle, an der es wehtut. Falls Sie also etwas für Ihre Ehe tun wollen, dann kümmern Sie sich darum, dass Ihre Verletzungen aus der Vergangenheit heil werden. Das hilft nicht nur Ihrer Beziehung, sondern auch Ihrer eigenen seelischen Gesundheit.

Warum das so ist? Weil die Heilung von Schmerz aus der Vergangenheit (wenn man zum Beispiel in einer vorhergehenden Beziehung verletzt wurde) davor schützt, dass sich dieser Schmerz in Ihrer Ehe noch einmal wiederholt. Das klingt vielleicht seltsam, aber wenn wir unsere Vergangenheit nicht verarbeitet und uns nicht mit ihr ausgesöhnt haben, dann kann es sein, dass wir unsere Ehe als Mittel betrachten, es jetzt richtig zu machen und wieder in Ordnung zu bringen. Das Problem dabei ist nur, dass die Ehe dazu nicht gedacht ist. Es werden Beziehungsprobleme dann einfach nur noch einmal wiederholt, ebenso wie der Schmerz, den sie verursachen. Deshalb kann die Vergangenheit ein so gigantischer Zeitdieb sein.

Reue über Vergangenes lenkt uns bestenfalls ab. Im schlimmsten Fall zerstört sie uns.

Wenn Sie also Unerledigtes aus Ihrer Vergangenheit mit sich herumschleppen, dann lassen Sie nicht zu, dass es Ihnen auch nur einen Augenblick Ihrer Gegenwart stiehlt. Unternehmen Sie alles Notwendige, um das Unerledigte abzuschließen, die Altlasten loszuwerden, und dann gehen Sie weiter. Was bedeutet das nun konkret für Sie?

Wenn Sie erst einmal die losen Enden in der Vergangenheit benennen können, die Ihnen immer noch zusetzen, dann geht es darum, sie zu entwirren und aufzurollen. Vielleicht müssen Sie sich bei jemandem entschuldigen, den Sie verletzt haben, oder jemandem vergeben, der Sie verletzt hat. Vielleicht müssen Sie etwas zurückgeben, das Ihnen nicht gehört, oder sich etwas zurückholen, das eigentlich Ihnen gehört. Die Möglichkeiten sind da unbegrenzt. Sträuben Sie sich auch nicht gegen die Möglichkeit, dass Ihnen vielleicht ein paar Beratungsstunden bei einem Therapeuten Ihres Vertrauens weiterhelfen könnten. Das Ziel besteht darin, die unerledigten Angelegenheiten aus Ihrer Vergangenheit abzuschließen. Und in einem können Sie sicher sein: Welcher Weg auch immer nötig sein mag, um Ihre Altlasten zu bearbeiten und zu einem Abschluss zu kommen, Sie werden staunen, wie viel Zeit Sie dadurch für Ihre Ehe gewinnen können.

Technik

Manche Männer sind Autofreaks, manche sind sportverrückt und manche spielen Golf – und ich? Ich bin ein Elektronikfreak. Ich liebe die neuste Technik. Wahrscheinlich könnten Sie mich sogar als langweiligen Fachidioten bezeichnen, ich kann es nicht ändern. Egal, ob Handy, Laptop oder Fernseher, ich mag natürlich nur das Neuste, und davon das Beste und das Größte. Als ich vor einiger Zeit zum ersten Mal von etwas hörte, das WLAN genannt wurde, da wurde ich ganz kribbelig. Ein Wireless-LAN bei mir zu Hause! Keine Kabel mehr! Ich konnte es kaum glauben. Ich würde damit überall in der Wohnung einen Computer benutzen können, ohne irgendwo an einer Wand festgestöpselt zu sein. Vielleicht liegt es daran, dass wir nur einen Steinwurf entfernt von dem Haus von Bill Gates leben, das mit den meisten technischen Raffinessen auf diesem Planeten ausgestattet ist, aber ich fand, dass ein WLAN mehr als cool war. Das mussten wir haben.

Damit würden Leslie und ich praktisch überall im Haus arbeiten, Rechnungen bezahlen, E-Mails schreiben oder lesen können. Und weil wir zwei kleine Kinder haben, unseren Hauskredit abbezahlen müssen und unser Tag genauso viele Stunden hat wie der eines jeden anderen Menschen auch, war ein WLAN genau das, was ich brauchte, um mehr Zeit für Leslie und mich und unsere Familie herauszuholen. Zumindest glaubte ich das.

Am ersten Tag meines neuen WLAN-Lebens sah ich mir am Frühstückstisch die Schlagzeilen von einem halben Dutzend Tageszeitungen an – ich schaute kurz ins Fernsehprogramm, um nachzuschauen, ob am Abend etwas lief, das sich anzuschauen lohnte, und dann warf ich noch rasch einen Blick auf die Anmeldelisten für die College-Kurse, die ich angeboten hatte. Und schon war ich süchtig. Information sofort, wo und wann immer ich sie brauchte. An diesem Abend lagen wir zusammen im Bett, nachdem ich unsere beiden Jungen ins Bett gebracht hatte, nur meine Frau und ich – und mein Sony-Laptop. Ich brauchte nur noch schnell eine bestimmte Info, musste noch unseren Kontostand abfragen und noch ein letztes Mal kurz meine E-Mails checken. Leslie dagegen wollte gern reden.

„Wenn du damit fertig bist, möchte ich mit dir über meinen Tag morgen reden", sagte sie.

„Okay, leg los", antwortete ich, während ich auf dem Laptop herumtippte.

„Können wir vielleicht ohne das Ding da im Bett reden?", fragte sie und deutete auf meinen Computer.

Oh-oh. Das hier ist gar nicht gut, dachte ich. Glücklicherweise gab ich meinem ersten Impuls nicht nach, nämlich zu sagen: *Wieso schreibst du mir keine Textnachricht?*

„Klar", sagte ich und fuhr den Laptop schnell herunter.

Innerhalb von nicht einmal vierundzwanzig Stunden war eines schmerzlich offenbar geworden: Das WLAN, durch das es für mich so viel einfacher wurde, online zu sein, machte es mir ebenso viel schwerer, Leslie gegenüber aufmerksam zu sein.

Wer hätte gedacht, dass wir durch die als so zeitsparend angepriesene Technik – die Mikrowellenöfen, Handys, E-Mail, das Internet, iPods, PalmPilots, BlackBerrys – unsere vermeintlich zusätzliche Zeit mit noch mehr zeitraubender Technik vollstopfen würden. Das Problem ist doch, dass wir uns mit diesem Schnickschnack und den unzähligen elektronischen Spielereien noch gehetzter, noch gestresster und noch getriebener fühlen als je zuvor.

> *Ich finde, dass Fernsehen ungemein bildet. Jedes Mal, wenn jemand einschaltet, gehe ich in ein anderes Zimmer und lese ein Buch.*
> Groucho Marx

Ja, das ist die pure Ironie, aber genau die Dinge, mit deren Hilfe wir angeblich Zeit sparen, sind es am Ende oft, die uns die meiste Zeit stehlen.

Ob wir immer noch WLAN haben? Ja. Aber inzwischen habe ich es unter Kontrolle und nicht das WLAN mich – und es kommt nicht mehr mit ins Schlafzimmer. Was mit meinem Festplattenrekorder ist? Na ja, daran arbeite ich noch, werde jedoch immer ein wenig besser. Aber mal im Ernst, wenn wir nicht aufpassen, kann uns die Technik vorgaukeln, dass wir Zeit für unsere Ehe sparen, obwohl im Grunde genau das Gegenteil passiert.

Ungeduld

Erzürnte Fans brachten ihr Missfallen zum Ausdruck, als Scott Hoch sich beim Ford Championship 2003 in Miami, Florida, weigerte, beim zweiten Loch im Play-off zum Birdie einzulochen. Es wurde langsam dunkel und Hoch war sich nicht sicher, wo genau das Grün sich befand. Also wurde die Sudden-Death-Entscheidung des Turniers auf den nächsten Morgen verschoben, obwohl dadurch viele Fans die Entscheidung nicht miterleben konnten.

Hoch versenkte seinen Putt am nächsten Morgen, konnte

dann beim dritten Loch der Play-off-Runde zum Birdie einlochen, was ihm ein Preisgeld von 900 000 Dollar bescherte. Hätte Hoch das Turnier noch am Sonntagabend zu Ende gespielt, hätte er wahrscheinlich verloren. Im Zwielicht der Dämmerung hatte Hoch, der bereits fünf Augenoperationen hinter sich hatte, nämlich gedacht, dass der Putt nach links gehen würde. Sein Caddie sah es in der anderen Richtung. Am nächsten Morgen bei Licht stellte sich dann heraus, dass der Caddie recht gehabt hatte.[2]

Wie ist das bei Ihnen? Haben Sie auch diese Art von Geduld wie Scott Hoch? Wenn Sie so sind wie die meisten Leute, dann wahrscheinlich eher nicht. Bei vielen Menschen ist es doch so, dass sie, wenn sie etwas wollen, es auch sofort wollen. Wir können nicht warten. Das ist einer der Gründe, weshalb wir unsere Budgets, Konten und auch unsere Terminkalender überziehen. Wir weigern uns, lange auf die Erfüllung unseres Wunsches zu warten, und steuern direkt und ohne Umwege auf das zu, was wir spontan wollen.

Und nicht nur für unseren Geldbeutel ist diese Ungeduld schädlich, sondern auch für unsere Beziehungen, speziell für unsere Ehen. Wir werden kurz angebunden miteinander. Wir erwarten von unserem Ehepartner, dass er das tut, was wir wollen, und zwar genau dann, wann wir es wollen. Wir drängen ihn zur Eile, einen Satz zu beenden oder endlich zum Thema zu kommen. Wir regen uns auf, wenn wir auf den anderen warten müssen, weil er zu spät kommt, auch wenn es nur ein paar Minuten sind. Ungeduld raubt unserer Beziehung Intimität und Nähe, weil Ungeduld auch immer Intoleranz, Ärger und Verdruss mit sich bringt.

> *Mit Geduld erreichen wir mehr als mit Kraft.*
> Edmund Burke

„Gelassenheit, und zwar sofort!" Wenn Sie auch ein Fan des Fernsehphänomens der 90er-Jahre namens *Seinfeld* sind, dann erkennen Sie diesen Ausdruck sofort wieder. In der Episode mit dem besagten Spruch geht es um einen Nebenstrang der Geschichte über Frank, den Vater der Hauptfigur George. Immer wenn Frank angespannt ist, muss er seinen Blutdruck senken, indem er sagt: „Gelassenheit, und zwar sofort."

Leider kommt Frank nicht auf die Idee, dass er dabei tief einatmen muss, damit dieser Satz beruhigend wirken kann, sondern er schreit ihn jedes Mal, wenn er frustriert ist, wütend heraus. So wie viele Menschen will er „Gelassenheit, und zwar sofort". Er hat keine Zeit, sie zu entwickeln, keine Zeit zu warten.

Hüten Sie sich vor dieser beinahe komisch anmutenden Falle. Ungeduld zersetzt Ihre Zeit wie nur wenige andere Gifte und frisst weg, was eigentlich ein ganz angenehmer und schöner Augenblick sein könnte.

Es ist sicher eine Versuchung, die eigene Ungeduld zu rechtfertigen, indem man sich selbst sagt: „So verhalte ich mich nun mal eben, wenn ich in Eile bin. In Wirklichkeit bin ich viel liebevoller, und das weiß mein Ehepartner auch." Sind Sie da wirklich sicher? Schauen Sie sich diesen „zeitweiligen" Wesenszug einmal ganz genau an und sorgen Sie dafür, dass er nicht zu einem ständigen Begleiter wird. Zu den wichtigsten Dingen, um Zeit zurückzuerobern, die Ihnen für Ihre Ehe und in Ihrer Ehe immer gefehlt hat, kann es gehören, Ihrer Ungeduld zu Leibe zu rücken und sie rauszuschmeißen.

Die Uhr

Okay, okay. Während wir das hier jetzt schreiben, hören wir förmlich, wie Sie sagen: „Was? Wie soll uns denn die Uhr unsere Zeit stehlen?" Das ist eine berechtigte Frage. Wir haben nichts gegen Uhren. Ja, wir haben zu Hause sogar eine Uhr, die so groß ist, dass fast jeder Besucher darüber eine Bemerkung macht. Und wenn die Sommer- oder Winterzeit beginnt und wir alle Uhren im Haus umstellen müssen, dann wird schmerzlich deutlich, wie viele wir besitzen. Also entspannen Sie sich. Wir sind in dieser Hinsicht keineswegs fanatisch. Eigentlich wollen wir Ihnen sogar nur eine Geschichte erzählen.

Es ist die alte Geschichte über ein Dorf, das eine schöne neue Turmuhr kaufte. Kurz nachdem die Uhr installiert worden war, entdeckte ein Besucher des Ortes, dass die Menschen dort tagsüber schliefen und nachts arbeiteten. Als er sie darauf ansprach, antworteten sie: „Wir sind einzigartig in Amerika. Nachdem wir die Uhr bekommen hatten, haben wir gemerkt, dass die Sonne jeden Morgen ein bisschen früher aufging. Irgendwann war es dann am Tag dunkel und in den Nachtstunden hell. Wir haben eine Petition beim Präsidenten eingereicht, als einzige Stadt in Amerika anerkannt zu werden, in der das so ist."

Natürlich stellte sich heraus, dass die neue Uhr nur nachging, und zwar, weil sich Spatzen ein Nest darin gebaut hatten. Warum wir die Geschichte erzählen? Nun, um deutlich zu machen, dass die Bewohner der Stadt so von ihrer Uhr begeistert waren, dass sie sich von ihr kontrollieren ließen anstatt umgekehrt.

Und das ist bei Uhren immer ein mögliches Problem. Wenn wir nicht aufpassen, werden wir zu Sklaven der Uhr. Wie es dazu kommen kann? Überlegen Sie doch nur mal, wie oft Sie sagen: „Beeil dich, sonst kommen wir zu spät! Du hast nur noch fünf Minuten!"

Die Uhr kann unser Leben zu einem Wettrennen machen, und das ist fast unvermeidbar. Natürlich braucht man Zeiteinheiten und auch eine Zeitmessung, sonst gäbe es ein einziges Chaos. Aber wenn man sich von der Uhr völlig beherrschen lässt, dann sorgt das häufig dafür, dass unsere Beziehungen außer Kontrolle geraten.

Ich muss über die Uhr herrschen.
Und nicht sie über mich.
Golda Meir

Was wir damit sagen wollen, ist eigentlich ganz simpel: Geben Sie der Tyrannei der Uhr nicht immer nach. Lassen Sie sich hin und wieder einmal Zeit für einen Cappuccino, auch wenn Sie deshalb vielleicht zu spät kommen. Wenn Sie einen Termin einhalten müssen, dann seien Sie nicht verantwortungslos, aber auch kein Zeittyrann. Das ist ein schmaler Grat und erfordert Ausgeglichenheit – etwas, worüber Menschen, die nur von der Uhr getrieben sind, leider selten verfügen.

Zu viele Aktivitäten

Okay, wir haben gesagt, dass wir auf vier Zeiträuber etwas genauer eingehen wollen, und genau das haben wir auch getan. Wir möchten aber gern noch einen mehr mit auf die Liste quetschen. Er ist so wichtig. Er muss einfach noch mit drauf.

Haben Sie bei einer Liste oder Tagesordnung auch schon mal diese Strategie verfolgt?

Wir tun das hier auch nur, um zu veranschaulichen, worauf wir hinauswollen. Wir quetschen noch eine Sache mehr in den Zeitplan, nachdem wir mit dem fertig waren, was wir ursprünglich angekündigt hatten.

Der dreiste Zeiträuber, um den es hier geht, verlangt von uns genau das. Wenn die Liste voll ist und alle Termine gebucht, dann kommt er hinterher und drängelt sich noch schnell mit in den ohnehin schon prallvollen Terminkalender. Am aggressivsten geht er vor, wenn man Kinder hat. Wenn Sie also Eltern sind, dann seien Sie an dieser Stelle besonders auf der Hut.

Überaktivität, eine ganz enge Verwandte des Überengagements, ist in ihrem Vorgehen eigentlich nicht besonders raffiniert, sondern eher plump. Sie ist der offensichtlichste Zeiträuber überhaupt. Sie erkennen ihn schon in dem Augenblick, in dem er bei Ihnen auftaucht und versucht, sich noch irgendwie in Ihren Terminkalender zu drängeln. „Das müssen wir einfach irgendwie hinbekommen", sagen wir und werfen unsere Planung rasch noch einmal über den Haufen, schieben Verabredungen hin und her, als wäre der neue Termin ein unerwarteter Gast, dem man noch irgendwo im Haus zu einem Schlafplatz verhelfen muss. Aber Überaktivität hat keineswegs die Absicht zu ruhen. Sie kann in null Komma nichts, ohne mit der Wimper zu zucken, Ihre gesamte Zeit an sich raffen. Ja, sie ist der einzige Zeiträuber, den wir bei seinem Auftauchen auch noch ankündigen: „Guck dir doch nur mal diesen Terminkalender an!", sagen wir staunend. „Ist das denn die Möglichkeit, dass wir wirklich so viel zu tun haben!"

Lassen Sie uns deshalb, anstatt das Offensichtliche darzulegen, nämlich dass die Überaktivität einem die Zeit stiehlt, auf einen grundlegenden Punkt hinweisen, den Sie vielleicht nur einmal zu hören brauchen, damit dieser Zeiträuber nicht ungehindert bei Ihnen zuschlagen kann. Wenn Ihre Familienkutsche zum Taxi geworden ist, mit dem Sie Kinder zu Aktivitäten in der Gemeinde, zum Training, zu Schulveranstaltungen und zu Treffen mit Freunden fahren, dann machen Sie sich bewusst, dass Sie das alles gar nicht tun müssen. Wirklich nicht. Es steht nirgends geschrieben, dass Ihre Kinder überall mitmachen und dabei sein müssen und dass Sie Ihre gesamte „freie" Zeit als Taxifahrer einsetzen müssen, um gute Eltern zu sein.

Geben Sie der Überaktivität einen Tritt in den Allerwertesten, indem Sie noch einmal ganz genau prüfen, was Sie aus Ihrer langen Liste herausschmeißen können. Vielleicht können Sie ja sogar eine Art Familienrat einberufen und miteinander darüber ins Gespräch kommen, was es für die gesamte Familie bedeuten würde, sich diese Zeit als Familie zurückzuholen. Und noch einmal: Sie brauchen wirklich keine Schuldgefühle zu haben, wenn Sie die Aktivitätenliste nach Ihrem Gutdünken und Ihren Bedürfnissen zurückstutzen.

Sich die Zeit zurückstehlen

Keiner der in diesem Kapitel genannten Zeiträuber hat etwas mit äußeren Umständen zu tun, dafür aber sehr viel mit Ihrer Wahl und den Entscheidungen, die Sie treffen. Bevor wir also dieses Kapitel abschließen, möchten wir noch einmal die Tatsache unterstreichen, dass Sie es sind – und zwar Sie ganz allein, die entscheiden, ob Sie diese Zeitdiebe hereinlassen oder nicht. Ob sie in Form von unerledigten Altlasten aus der Vergangenheit auftauchen, die Ihre Gegenwart vergiften, oder in Form von Technik, die eine Menge Zeiteinsparung verspricht, ob es in Form von Ungeduld ist oder der simplen Versklavung an die Uhr oder ob Sie einfach stets zu viele Aktivitäten auf dem Plan haben – all diese Zeiträuber werden Ihnen ungehindert Zeit stehlen, solange Sie nicht den Entschluss fassen, gegen sie vorzugehen. Anders ausgedrückt, Sie können sich vor diesen Zeiträubern nur schützen, indem Sie entscheiden, wie Sie gegen sie vorgehen wollen.

In seinem Buch *Choices* (dt.: Entscheidungen) schreibt Frederick F. Flach: „Die meisten Menschen können rückblickend eine Zeit und einen Ort benennen, an dem sich ihr Leben signifikant verändert hat. Ob versehentlich oder geplant, es gibt Momente, in denen wir aufgrund einer inneren Bereitschaft und einem Zusammenwirken von äußeren Ereignissen gezwungen sind, die Bedingungen, unter denen wir leben, ernstlich neu zu bewerten und bestimmte Entscheidungen zu treffen, die sich auf unser gesamtes restliches Leben auswirken."[3]

Wenn wir jetzt also dieses Kapitel und den zweiten Teil des Buches abschließen, möchten wir Sie vor eine Herausforderung stellen. Bewerten Sie Ihr Leben und die Bedingungen, unter denen Sie in Ihrer Partnerschaft leben, noch einmal neu. Welche Entscheidungen können Sie treffen, um sich die Zeit zurückzuholen, die Ihrer Ehe geraubt wird? Die Übung auf der nächsten Seite wird Ihnen dabei helfen.

Ach ja, und noch eine letzte Geschichte über einen unfähigen Gauner: Eine Frau arbeitete abends in einem Spezialitätenladen, in dem es ganze Räucherschinken zu kaufen gab. Der Laden war mit Überwachungskameras ausgestattet, und als sie zwischendurch wieder einmal einen Blick auf die kleinen Schwarz-Weiß-Bildschirme warf, sah sie, wie eine Frau auf der Rampe für Rollstühle den Laden betrat und zwischen den Regalen verschwand. Zum Erstaunen der Angestellten nahm die Frau einen Schinken aus dem Regal, schob ihn sich unter den Rock und watschelte dann mit dem zwischen die Schenkel geklemmten Schinken wieder Richtung Ausgang.

Die Angestellte war völlig verblüfft und fragte sich, was sie jetzt tun sollte. Sollte sie laut schreien oder lieber der Frau folgen? Während sie noch überlegte, fiel der Diebin jedoch der Schinken herunter und landete zwischen ihren Beinen, wo er mit einem lauten Knall auf der metallenen Rollstuhlrampe aufschlug.

Aber die Diebin ließ sich dadurch keineswegs aus dem Konzept bringen. Sie drehte sich um und schrie aus Leibeskräften: „Wer hat den Schinken nach mir geworfen? Wer hat den Schinken nach mir geworfen?" Und dann rannte sie aus dem Laden.

Lassen Sie sich diese verrückte, aber wahre Geschichte eine

Anregung sein, alle Entschuldigungen und Ausreden bezüglich Ihrer zeitlichen Überlastung aufzugeben. Sie können jetzt nicht mehr völlig ahnungslos fragen: „Wer hat uns bloß unsere gemeinsame Zeit gestohlen?" Sie können sich jetzt nicht mehr fragen, wie es bloß sein kann, dass Sie „so viel zu tun" haben. Sie haben die Wahl gehabt, und die haben Sie auch in diesem Moment. Und wenn Sie sich den Entscheidungen, die Sie hinsichtlich Ihrer Zeiteinteilung getroffen haben, nicht stellen, dann werden die Zeiträuber Sie auch weiterhin bestehlen.

Nachgedacht

◎ Beschreiben Sie möglichst konkret, wie moderne Technik – all die elektronischen Helferlein, die dazu gedacht sind, Zeit zu sparen – Ihnen letztlich eher Zeit stiehlt. Lassen Sie sich durch elektronische Geräte manchmal täuschen, dass Sie mit ihrer Hilfe Zeit sparen, die dann Ihrer Ehe zugute kommen wird, aber eigentlich passiert genau das Gegenteil? Wenn ja, inwiefern?

◎ In welchen Situationen werden Sie am leichtesten ungeduldig und warum? Erinnern Sie sich an eine Gelegenheit, bei der Ihre Ungeduld Sie am Ende mehr Zeit kostete, als Sie geglaubt hatten, durch sie zu sparen? Was haben Sie daraus gelernt?

◎ Stimmen Sie zu, dass Ihnen Altlasten aus der Vergangenheit jetzt in der Gegenwart Zeit stehlen können? Was haben Sie in Ihrem eigenen Leben unternommen, um solche unerledigten Angelegenheiten abzuschließen?

Teil 3

Die drei Zeitminen, in denen Sie garantiert auf Gold stoßen

„Wenn man die Technik des Goldwaschens nicht kennt", sagte der alte Irby Hosea, „dann verliert man mehr Gold, als man findet." Irby hat den größten Teil seines Lebens in Kalifornien nach Gold gesucht. „Je älter ich werde, desto kälter kommt mir das Flusswasser vor, aber ich liebe es immer noch."

Wir lernten den über siebzig Jahre alten Irby im Knott's Berry Farm-*Vergnügungspark kennen, wo unser kleiner Sohn sich im Goldwaschen versuchte. Wir waren nicht sicher, ob es an seiner „Technik" lag, aber auch nachdem er es eine ganze Weile probiert hatte, ging der kleine John leer aus. „Ach, das macht nichts", sagte er. „Es hat trotzdem Spaß gemacht."*

John ist ein guter Verlierer, aber ich (Leslie) muss zugeben, dass ich ein bisschen enttäuscht war. Schließlich war es ja ein Vergnügungspark, für den wir die Tickets gekauft hatten, und da hatten wir doch auch Anspruch auf ein wenig Vergnügen, oder? Und ich war der Meinung, dass es auf jeden Fall vergnüglicher war, Gold zu finden, als keines zu finden. Es wäre doch wirklich nicht zu viel verlangt gewesen, wenn man so einen kleinen Kerl ein, zwei Nuggets hätte finden lassen – und wenn es nur mit Goldspray behandelte Kieselsteine gewesen wären.

Also in diesem dritten und letzten Teil des Buches möchten wir

Ihnen drei Bereiche zeigen, in denen Sie in Bezug auf gemeinsame Zeit als Paar garantiert auf Gold stoßen. Sie werden gleich erfahren, weshalb Mahlzeiten, Finanzen und Erholung bombensichere Bereiche sind, in denen Sie sich wichtige gemeinsame Momente zurückholen können, die Ihnen in Ihrer Ehe bisher gefehlt haben.

Kapitel 8

Mahlzeiten:
Wieso die Eile?

Du bist, was du isst.
Ludwig Feuerbach

Letzte Woche habe ich Steve Anderson kennengelernt, einen erfolgreichen Risikokapitalanleger, der zufällig eines unserer anderen Ehebücher gelesen hatte.

„Sie sind doch Les Parrot, nicht wahr?", fragte er, gab mir die Hand und begrüßte mich sehr herzlich. „Willkommen in *Grace's Kitchen.*"

In einer Art Gewerbegebiet in unserer Stadt, gar nicht weit von unserem Haus entfernt, hatte ich gerade einen ziemlich ungewöhnlichen Laden betreten, der mir bisher noch nie aufgefallen war. Eigentlich war ich auch nur in diesen Laden gegangen, um mich nach einer anderen Adresse zu erkundigen, wo ich einen Termin hatte.

„Ist das hier ein Restaurant?", fragte ich Steve.

„Nein, eigentlich nicht. Es ist ein Lokal, in dem man Gourmetessen kaufen und mit nach Hause nehmen kann, um es dann dort zu verzehren", sagte er stolz und überreichte mir seine Visitenkarte.

Ich sah mich um und stellte dabei fest, dass der Laden eine Art große Küche war, mit blitzblanken Edelstahlgeräten und Kochutensilien, in der mehrere sympathische Köche dabei waren, Essen zuzubereiten.

Ich fand das Ganze faszinierend. Steve und ich unterhielten uns noch eine Weile und er erklärte mir dabei das Konzept seiner Geschäftsidee. „Die eigentliche Absicht besteht darin, Paaren und Familien dabei zu helfen, um die Mahlzeiten herum mehr zur Ruhe zu kommen und ein leckeres Essen zu genießen, für das sie sich ein bisschen Zeit nehmen können." Es war offensichtlich, dass dieses Projekt für Steve mehr war als nur eine Geschäftsidee, denn er sprach mit großer Leidenschaft darüber. „Wenn ein Paar gemeinsam eine schöne Mahlzeit genießt, dann entsteht dabei Nähe. Manche der besten Gespräche, die wir haben, finden doch beim Essen statt."

Steve erzählte weiter, dass in seiner Küche auch Kochkurse angeboten würden, aber der Renner seien die Tiefkühlessen, die alles enthielten, um in ein paar Minuten ein Gourmetessen zu zaubern. „In unserer Küche begonnen, bei Ihnen zu Hause zu Ende fertiggestellt", ist auf einem Schild im Schaufenster zu lesen. Von Polentalasagne mit scharfer Truthahnwurst über Gorgonzola-Walnuss-Ravioli in Steinpilz-Schalottensoße bis hin zu all den anderen faszinierenden Gerichten kann man ganz nach Belieben ein paar Gerichte für etwa 15 Dollar (für zwei Personen) aussuchen. Steve war so großzügig, mir eine Packung zum Mitnehmen zu schenken: Scharfe Steaktacos in warmen Tortillas mit Chimichurrisoße und Zuckermais. Das war wirklich etwas anderes als Muttis Tiefkühlpizza, das können Sie mir glauben!

> *Essen ist die einfachste Form des Trostes.*
> Sheila Graham

Ich könnte jetzt noch lange weiter über das leckere Essen schreiben, aber was mich am meisten an diesem Ort faszinierte, war das Konzept.

„Die Menschen sitzen heute beim Essen offenbar nicht mehr wie früher gemeinsam zu Hause um den großen Tisch herum", erklärte Steve. „Es ist einfach zu bequem geworden, irgendwo unterwegs im Gehen zu essen. Wenn aber ein Paar in Ruhe zusammen sein und bewusst Tempo aus dem Leben nehmen will, einfach ein bisschen langsam machen, um die Zeit des Abendessens herum – das vielleicht sogar *eine Stunde* dauern kann – ist das eine ganz neue Möglichkeit."

Ich konnte es gar nicht erwarten, Leslie zu erzählen, wie ich das *Grace* entdeckt hatte und von meinem Gespräch mit Steve. Zu diesem Zeitpunkt waren wir schon mit den Recherchen für das Kapitel beschäftigt, das Sie gerade lesen, deshalb war mein Interesse an dieser gesamten Thematik auch so groß. Und wir konnten Steve in seiner Geschäftsidee nur bestätigen, denn er trägt dazu bei, dass Ehepaare das Tempo ein wenig drosseln und dadurch wieder Duft und Würze in ihrem Leben erleben. Schließlich sind die Mahlzeiten wirklich eine Goldmine, um nach einem schweren Arbeitstag auszuruhen und wieder aufzutanken. Ein gutes Essen, ohne Eile verzehrt und wirklich genossen, kann ein Anlass sein, bei dem ein Ehepaar wieder ganz neu miteinander in Kontakt kommt. Deshalb widmen wir dieses Kapitel dem Thema, wie man aus den gemeinsamen Mahlzeiten mehr gemeinsame Erlebnisse herausholen kann.

Der traurige Zustand des Slow Food

„Ihre Bestellung, bitte?" Die Stimme kommt aus einem kleinen rauschenden Lautsprecher neben dem Seitenfenster an der Fahrerseite. Sie sagen der beleuchteten Speisekarte, was Sie möchten, und „fahren weiter zum Abholschalter", wo Ihr Essen bereits in buntes Papier und kleinen Pappschachteln verpackt und in einer Tüte verstaut zum Mitnehmen bereitliegt. Alles blitzschnell.

Bevor McDonald's die Welt regierte, saßen die Menschen normalerweise um den Esstisch herum, aßen gemütlich selbst gekochte Gerichte und führten dabei gute Gespräche. Und das war nicht zuletzt deshalb so, weil es gar keine Alternativen gab. Das alles änderte sich jedoch in den 50er-Jahren, als ein paar Selfmademänner in Kalifornien dieser althergebrachten Methode Konkurrenz machten, indem sie Stände errichteten, an denen die Leute Essen zum Mitnehmen kaufen konnten. Vom Auto aus. Schnell. Es dauerte gar nicht lange, bis die Fast-Food-Industrie nicht nur unsere Ernährung veränderte, sondern auch die Wirtschaft, die Arbeitswelt und die gesamte Kultur.

Im Laufe der vergangenen paar Jahrzehnte ist Fast Food bis in den letzten Winkel der amerikanischen Gesellschaft und auch in weite Teile der europäischen Länder vorgedrungen. Im Jahre 1970 gaben die Amerikaner ungefähr sechs Milliarden Dollar für Fast Food aus; heute sind es bereits 110 Milliarden Dollar. Die Amerikaner geben inzwischen mehr Geld für Fast Food aus als für Kino, Bücher, Zeitschriften, Videos und Musiktonträger – zusammen.

Der McDonald's-Konzern ist in den Vereinigten Staaten der größte Abnehmer von Rindfleisch, Schweinefleisch und Kartoffeln. Er gibt mehr Geld für Werbung und Marketing aus als jede andere Marke. Eric Schlosser, Verfasser des beunruhigenden Buches *Fast Food Nation* (dt.: Fast-Food-Gesellschaft) schreibt: „Der Einfluss des McDonald's-Konzerns auf unseren Lebensstil kann gar nicht hoch genug eingeschätzt werden. Die beiden goldenen Bögen sind heutzutage als Symbol bekannter als das christliche Kreuz."[1]

Welchen Einfluss das wiederum auf den Genuss eines schönen, langsamen und gemütlichen selbst gekochten Essens hat, braucht wohl nicht extra erwähnt zu werden. In seinem Buch *Bowling Alone* berichtet Robert Putman, dass in den vergangenen fünfundzwanzig Jahren in Amerika die zu Hause verzehrten Mahlzeiten um 33 Prozent zurückgegangen sind.[2]

Essen heute: Schlingen-Schlucken-Weitermachen

Fast Food ist zu einer Art Boxenstop geworden, bei dem wir Treibstoff nachfüllen, während wir von einer Tätigkeit zur nächsten hetzen. Oft essen wir allein und tun nebenher noch etwas anderes, wie zum Beispiel arbeiten, Auto fahren, lesen oder im Internet surfen. Und selbst wenn wir zu Hause essen, ist es oft etwas, das wir nur kurz zu erhitzen brauchen, wie beispielsweise eine Backofenpizza oder eine Fünf-Minuten-Terrine, die wir kurz zwischendurch zubereiten.

Ungefähr zur selben Zeit, wie in Südkalifornien das Drive-in erfunden wurde, brachte die Firma Swanson das erste Fernsehdinner auf den Markt – eine komplett vorgefertigte Mahlzeit auf einem Teller, bestehend aus Putenfleisch mit Bratensoße, Kartoffeln und Buttererbsen. Und wenig später gab ein weiterer kulinarischer Zeitsparer sein Debüt, der Instantreis. Uncle Ben kam ins Geschäft, indem er den Hausfrauen Langkornreis versprach, der in fünf Minuten fertig war!

In den 70er-Jahren wurde das Kochen zu Hause dann schon nicht mehr in Minuten, sondern in Sekunden gemessen. Mit der Einführung der Mikrowelle kamen einem die 25 Minuten, die nötig waren, um ein Swanson-Fernseh-Dinner konventionell zu erhitzen, schier endlos vor.

Bereits irgendwann Mitte der 50er-Jahre ging es beim Essen weniger um den Geschmack und den Nährwert als viel mehr darum, wie schnell man es zubereiten konnte. Kochen, so wurde entschieden, war eine lästige Pflicht, mit der man nicht so viel seiner kostbaren Zeit vertun durfte. Und in der Hetze, mit der man in der Küche herumhuschte oder sie ganz und gar umging, vergaß man auch immer mehr, welchen Wert ein selbst gekochtes Essen auch für die Beziehungen hat.

Wie sich eine „richtige Mahlzeit" auf Ihre Beziehung auswirkt

Wenn Sie zulassen, dass die Fast-Food-Mentalität auch die Mehrzahl Ihrer Mahlzeiten bestimmt, dann versäumen Sie dadurch eine der besten Methoden und Chancen, sich die gemeinsamen Momente zurückzuholen, die Ihnen fehlen. Warum ist das so? Weil ein ohne Eile und gemütlich genossenes Essen für ein Ehepaar eine Oase darstellen kann, in der es zur Ruhe kommen und wieder innerlich miteinander in Kontakt treten kann. Überlegen Sie doch mal, was in Ihrer Beziehung passiert, wenn Sie einmal aus der Tretmühle des Alltags aussteigen und sich einfach zusammensetzen, ohne dass Ihnen schon wieder irgendein Termin im Nacken sitzt. Ein Essen, bei dem keine Sätze fallen wie: „Wir müssen jetzt schnell bestellen", oder: „Komm, wir müssen uns jetzt mit dem Essen beeilen", oder: „Fürs Dessert haben wir aber keine Zeit mehr", oder: „Wann kommt denn die Kellnerin endlich mit der Rechnung?" Ein gemütliches Essen ist ein Essen, bei dem nach einem hektischen Tag die Seele nachkommen kann, wenn beide Partner sich am Abend wiedersehen.

Wir haben vor Kurzem unseren zwanzigsten Hochzeitstag gefeiert und wie die meisten Ehepaare haben wir diesen Anlass auch mit einem schicken Essen begangen – nur wir beide ganz allein. Es war allerdings ein Essen, wie wir es noch nie zuvor erlebt hatten. Wir kamen gegen 18:00 Uhr bei dem edlen Restaurant *Herbfarm* am Fuße der Cascade Mountains an und waren erst etwa gegen 23:00 Uhr mit dem Essen fertig. Es gab keine Unterhaltungseinlagen, keine Zwischenspiele, nur ein fünf Stunden dauerndes, ganz ruhiges und gemächliches Neun-Gänge-Menü. Ab und zu machten wir zwischen den Gängen einen kleinen Spaziergang in den angrenzenden Gärten, aber den größten Teil der Zeit unterhielten wir uns über alles und jedes, was uns gerade in den Sinn kam. Wir schwelgten in der Zeit ohne Termine und Plan – Zeit, die uns ganz allein gehörte.

Mit einem anderen Menschen das Essen zu teilen, ist ein intimer Akt, auf den man sich nicht leichtfertig einlassen sollte.
M. F. K. Fisher

Zugegeben, so ein Essen ist sicher nichts für jeden Tag. Es war schon sehr ungewöhnlich – und das ist noch stark untertrieben. Für uns hat dieses Erlebnis aber noch einmal unterstrichen, wie wichtig „Slow Food" – langsam genossenes Essen – ist. Tatsache ist auf jeden Fall, dass durch den langsamen Umgang mit Nahrung und Essen Beziehungen gestärkt werden. Gemeinsames Essen hat etwas, das Menschen verbindet.

In seinem Buch *Slow Life – Warum wir mit Gelassenheit schneller ans Ziel kommen* sagt der kanadische Journalist Carl Honoré: „Es ist kein Zufall, dass das Wort ‚Kompagnon' von einem lateinischen Wort abgeleitet ist, das wörtlich übersetzt ‚mit Brot' bedeutet."[3] Mahlzeiten bekommen mehr Bedeutung, wenn wir sie gemeinsam mit unserem Ehepartner einnehmen. Zusammen zu essen, entspannt geistig und macht uns liebevoller. Der Dramatiker Oscar Wilde hat einmal gesagt: „Nach einem guten Essen kann man jedem vergeben, sogar der eigenen Verwandtschaft."

Zutaten für ein „Slow-Cooked"-Gespräch

Die Speisekarte ist gar nicht mal so wichtig, wenn es um die Art von Essen geht, von dem hier die Rede ist. Es kommt nicht darauf an, ob Sie Pangasius in der Salzkruste oder Bratkartoffeln essen. Worauf es ankommt, ist, dass Sie sich Zeit dafür nehmen. Bei einem gemeinsamen Essen geht es neben der Stillung des Hungers vorrangig darum, Energie wieder aufzutanken, die Sie während des Tages verbraucht haben, und diese wieder in Ihre Beziehung zu lenken, indem Sie miteinander in Verbindung treten.

Natürlich wird auch durch die Phase, in der sich unsere Familie gerade befindet, mitbestimmt, ob und wie gut ein sogenanntes „Slow-Cooked-Gespräch" zustande kommt. Wenn ein großer Teil Ihrer Mahlzeit beispielsweise darauf verwendet wird, Ihren Vierjährigen dazu zu bewegen, ein paar grüne Bohnen zu essen, dann wissen wir genau, wie Sie sich fühlen. Kleine Kinder sind eine echte Herausforderung bei dem Versuch, ein bedeutungsvolles Essen zu gestalten. Aber deshalb müssen Sie den Gedanken daran noch längst nicht ganz und gar aufgeben. Weil wir ein zweijähriges und ein sechsjähriges Kind am Tisch haben, sind wir zu dem Schluss gekommen, dass es für uns sinnvoll ist, hin und wieder erst nach den Kindern zu essen, nur wir beide, und zwar, nachdem die Kinder im Bett sind. Und auch der Rhythmus eines Teenagers kann die Versuche eines schönen gemeinsamen Essens vereiteln. Wir wollen damit nur sagen, dass wir um die Herausforderung wissen, vor die Paare durch ihre Kinder gestellt werden. Trotzdem kann das, was wir Ihnen hier über gemeinsame Mahlzeiten zu zweit zu vermitteln versuchen, funktionieren.

Im Folgenden finden Sie vier praktische Tipps, wie Sie dafür sorgen können, dass Ihre Slow-Food-Mahlzeiten für Sie als Paar bedeutsam werden können.

Genießen Sie die gemeinsame Zeit genauso wie das Essen

Ob Sie es glauben oder nicht, es gibt tatsächlich eine Slow-Food-Bewegung. Sie begann im Jahre 1986, als McDonald's ein Restaurant neben der berühmten Spanischen Treppe in Rom eröffnete. Für die Einheimischen wurde durch diese Fast-Food-Attacke eine Grenze überschritten und Carlo Petrini, ein Gourmet-Autor, initiierte daraufhin eine Kampagne dagegen.

Er wollte den guten Geschmack verteidigen und propagierte, guter Geschmack „beginnt am Tisch mit Slowfood".[4]

Man kann Essen viel besser genießen, wenn man langsam isst und sich ganz auf die Mahlzeit konzentriert. Und dasselbe gilt auch für die Ehe. Man genießt eine Ehe viel mehr, wenn man das Tempo verlangsamt und sich auf seinen Partner konzentriert, seine Aufmerksamkeit ganz auf den anderen richtet. Wichtig dabei ist, dass man die gemeinsame Zeit nicht als Selbstverständlichkeit betrachtet. Sie ist kostbar. Die Zeit fliegt nur so dahin, wenn Sie die Momente, die Sie bei einem gemeinsamen Essen haben, wirklich genießen.

Gutes Essen endet mit guten Gesprächen.
Geoffrey Neighor

Stellen Sie die richtigen Fragen

Sie können sich gar nicht vorstellen, wie oft wir von einer Ehefrau schon die Worte gehört haben: „Er hat nie was zu erzählen." Dann berichtet sie, wie sie miteinander ausgehen und er während ihres Dates beim Essen oder einer Tasse Kaffee „einfach nur dasitzt". Wenn diese Szene auch in Ihrer Ehe häufig vorkommt, dann fassen Sie Mut. Erstens sind Sie damit nicht allein und zweitens gibt es eine relativ einfache Lösung.

Untersuchungen haben ergeben, dass Männer in der Öffentlichkeit etwa dreimal so viele Worte sagen wie im Privatbereich. Frauen dagegen sagen zu Hause dreimal so viele Worte wie in der Öffentlichkeit. Seien wir also ehrlich: Im Vergleich mit Frauen neigen Männer in einer Eins-zu-eins-Gesprächssituation eher dazu, sich zurückzuziehen. Das ist natürlich nicht immer so, denn es sind ja nur Durchschnittswerte, aber wenn einer von Ihnen stiller ist als der andere, wird Ihr Gespräch bei den Mahlzeiten wahrscheinlich lockerer und auch flüssiger werden, wenn Sie beide die richtige Frage stellen. Nämlich: „Wie geht es dir?" Wenn Sie diese ganz einfache Frage stellen – und sie auch genau so meinen – dann werden Sie staunen, was für Gespräche sich daraus ergeben.

Oft sitzen wir doch mit unserem Schatz zusammen und möchten ihm alles über uns erzählen. Und das ist auch völlig in Ordnung, solange wir uns genauso sehr für unseren Partner interessieren wie für das, was wir unbedingt loswerden wollen.

Ihr Partner hat vielleicht „nie etwas zu sagen", weil Ihr Hauptaugenmerk immer nur auf *Ihnen selbst* liegt (und Sie sich nur darauf konzentrieren, was Sie dem anderen sagen möchten) statt auf *ihm*.

Nach unserem Buch *Love Talk* (dt.: Liebesgespräche) haben wir ein kleines Nachfolgebändchen mit dem Titel *Love Talk Starters* (dt.: Starthilfen für Liebesgespräche) herausgegeben. Das ist kein Buch, das man von vorne bis hinten durchliest, sondern man blättert vielmehr darin herum. Auf jeder Seite gibt es eine ungewöhnliche Frage, die dabei helfen kann, ein Gespräch in Gang zu bringen. Wir erwähnen das hier nur, weil wir wissen, dass viele Paare es hilfreich finden, das Buch auf dem Esstisch liegen zu haben, wo sie es dann zur Hand nehmen können, um sich für die gemeinsame Mahlzeit ein Thema daraus auszusuchen.

Vermeiden Sie Unangenehmes

Der Kirchenvater Augustinus hat zum Gespräch beim Essen ermutigt – allerdings mit der strengen Einschränkung, sich dabei nie negativ über eine nicht anwesende Person zu äußern. Er hatte sich sogar zu diesem Zweck eine Ermahnung auf eine Tafel schnitzen lassen, die an seinem Esstisch angebracht war.

Keine schlechte Idee. Nicht die Tafel, sondern die Regel.

Und noch ein letzter Vorschlag, wie man mehr aus einer langsamen gemeinsamen Mahlzeit machen kann: Man kann im Voraus beschließen, worüber man reden will und worüber nicht. Wir haben Freunde, die sich darauf geeinigt haben, beim Essen nie über die Arbeit zu reden. Die berühmte Familie Kennedy hatte die Regel, beim gemeinsamen Essen mit der Familie nie über Geld zu sprechen.

Sie wissen also in etwa, worauf wir hinauswollen. Suchen Sie die Themen in Ihrer Beziehung heraus, die sich mit einiger Sicherheit negativ auswirken und zu unangenehmen und unproduktiven Gesprächen führen.

Lassen Sie nicht den Sand der Zeit in Ihr Mittagessen geraten.
Deteriorata

Vielleicht gehört zu diesen Themen die angeheiratete Familie.

Vielleicht sind es die unbezahlten Rechnungen oder ein Projekt, das offenbar nie zum Abschluss kommt. Vielleicht ist es auch ein Charakterzug, der den anderen wahnsinnig macht. Was auch immer das Reizthema sein mag, gestehen Sie doch einfach ein, dass es der Art von Gespräch, das Sie sich eigentlich für das gemeinsame Essen wünschen, schadet, und lassen Sie es deshalb einfach weg.

Sprechen Sie ein Tischgebet

Während meiner (Les) Kindheit in Boston besuchte unsere Familie manchmal die idyllische Stadt Stockbridge in Massachusetts, die Heimatstadt von Norman Rockwell. Bei einem unserer Besuche dort lernten wir den berühmten Maler sogar persönlich kennen und besuchten sein Atelier. Dort sah ich das Original von einem Druck, der auch bei uns zu Hause hing. Darauf war eine gut gekleidete ältere Dame mit ihrem Enkel zu sehen, die ganz eng beieinander in einem vollen Restaurant an einem Tisch sitzen, beide mit gesenktem Kopf und gefalteten Händen. Ihnen gegenüber sitzen an demselben Tisch zwei junge Kerle, von denen einer eine Zigarette im Mundwinkel hat. Beide beobachten die Frau und den Jungen, als hätten sie noch nie zuvor zwei Menschen beten sehen.

Der Titel des Gemäldes lautet: *Das Tischgebet*. Es ist eine bildliche Erinnerung an die Würde und Schönheit dieser heiligen Tradition.

Vielleicht beten Sie ja auch vor dem Essen. Millionen von Menschen tun das. Wenn es so ist, dann tun Sie das ganz bewusst. Lassen Sie nicht zu, dass es gedankenlos und mechanisch vollzogen wird. Und wenn es schon eine Weile her ist, dass Sie Gott gemeinsam für seine Segnungen gedankt haben, dann ist das Tischgebet eine großartige Gelegenheit dazu.

Übrigens gibt es keine richtige oder falsche Art und Weise im Gebet zu danken. Wir haben vor Kurzem von einem sechsjährigen Jungen gehört, der in einem Restaurant fragte, ob er danken dürfe. Alle senkten den Kopf zum Gebet und er betete: „Gott ist gut. Gott ist groß. Danke für das Essen und ich würde dir sogar noch mehr danken, wenn Mama uns noch zum Nachtisch Eis bestellt. Und Einigkeit und Recht und Freiheit für alle. Amen!"

Das funktioniert bestimmt. Die besten Gebete sind im Allgemeinen nicht niedergeschrieben und kommen direkt von Herzen. Ob Sie nur zu zweit sind oder die ganze Familie zum Essen versammelt ist, mit einem von Herzen kommenden Dank und einem Gebet für die anderen und die Anliegen des Tages liegen Sie nie falsch. Gebet ist eine liebevolle und schöne Art, eine Mahlzeit zu beginnen und gemeinsam zu danken. Ach ja, und wenn es zu Ihnen passt und Ihnen liegt, dann können Sie sich dabei auch gerne die Hände reichen.

Wenn Sie mit Kindern für ihr Essen danken, können Sie vielleicht folgendes Gebet sprechen:

Jedes Tierlein hat sein Essen,
jedes Blümlein trinkt von dir,
hast auch unser nicht vergessen,
lieber Gott, wir danken dir.
Amen.

Suchen Sie eine Anregung für Ihr Gebet zu zweit, dann gefällt Ihnen vielleicht dieses:

Segne, Vater, diese Speise,
uns zur Kraft und dir zum Preise.
Wir bitten, Herr, sei unserm Haus
ein steter Gast, tagein, tagaus,
und hilf, dass wir der Gaben wert,
die deine Güte uns beschert.

Bei den Mahlzeiten alles geben

Haben Sie schon einmal die wundervolle Geschichte *Babettes Fest* von Tania Blixen gelesen oder als Film gesehen? Die Geschichte handelt von einer gesetzlichen christlichen Gemeinschaft in Dänemark. Babette arbeitet als Köchin für zwei ältere Schwestern, die keine Ahnung haben, dass sie einmal Köchin in einem Adelshaushalt in Frankreich gewesen ist. Babettes Traum ist es, irgendwann wieder in ihre Heimatstadt Paris zurückzukehren, deshalb kauft sie sich jedes Jahr ein Lotterielos in der Hoffnung, genügend Geld dafür zu gewinnen. Und jeden Abend verlangen ihre asketischen Arbeitgeberinnen, dass sie die gleiche kärgliche Mahlzeit zubereitet: gekochten Fisch und Kartoffeln, weil, wie sie sagen, Jesus befohlen hat: „Sorgt euch nicht um Essen und Trinken."

Wenn mehr Menschen dem Essen, Stimmung und Liedern mehr Bedeutung beimessen würden als gehortetem Gold, dann hätten wir eine fröhlichere Welt.
J. R. R. Tolkien

Eines Tages geschieht dann das Unglaubliche: Babette gewinnt in der Lotterie – 10 000 Francs, ein kleines Vermögen. Und weil das Gründungsjubiläum der Gemeinschaft ansteht, fragt Babette, ob sie ein französisches Festessen für das gesamte Dorf zubereiten darf.

Zuerst lehnen die Dorfbewohner das ab. „Nein, es wäre Sünde, in so viel gutem Essen zu schwelgen." Aber Babette bittet weiter und schließlich gibt die Gemeinschaft nach. Doch heimlich geloben die Leute, das Festessen nicht zu genießen, weil sie glauben, dass Gott ihnen die sündhafte Völlerei nicht übel nimmt, solange sie das Essen nicht genießen.

114

Babette beginnt mit ihren Vorbereitungen. Karawanen exotischer Zutaten treffen im Dorf ein, unter anderem auch Käfige mit Wachteln und Weinfässer.

Schließlich ist der große Tag da und das Dorf versammelt sich. Der erste Gang ist eine exquisite Schildkrötensuppe. Während die Menschen normalerweise schweigend essen, entwickelt sich mit jedem weiteren Löffel Suppe ein kleines Gespräch.

Die Atmosphäre verändert sich. Jemand lächelt, ein anderer kichert. Ein Arm wird jemandem um eine Schulter und jemand sagt: „Hat Jesus nicht schließlich auch gesagt: ‚Liebet einander?'" Als der Hauptgang, bestehend aus Wachteln, aufgetragen wird, kichern und schlürfen und lachen und schmatzen die Leute und preisen Gott für die vielen gemeinsamen Jahre, die er ihnen geschenkt hat.

Aus einer ursprünglich verdrießlichen Gruppe von Menschen wird durch das Geschenk eines wunderbaren Essens eine liebevolle Gemeinschaft.

Eine der beiden alten Schwestern geht irgendwann zu Babette in die Küche, um sich bei ihr zu bedanken, und sagt: „Ach, wie werden wir dich vermissen, wenn du zurück nach Paris gehst."

Und Babette antwortet: „Ich werde nicht nach Paris zurückkehren, weil ich kein Geld mehr habe. Ich habe alles für das Essen ausgegeben."[5]

Mit dieser Geschichte möchten wir einfach noch einmal daran erinnern, dass Ihre Mahlzeiten nur so wertvoll sind, wie Sie sie machen. Es reicht nicht aus, Slow Food zu konsumieren, wenn Sie nicht mit dem Herzen dabei sind, sondern innerlich unbeteiligt bleiben. Betrachten Sie das nicht nur als einen weiteren Punkt auf Ihrer Liste mit Ihren vielfältigen Aufgaben, denn dann haben Sie nicht verstanden, worum es dabei geht. Wenn Sie aber alles geben, mit Kopf und Herz bei den Mahlzeiten dabei sind, dann wird die Zeit wie im Fluge vergehen, und Sie werden sich fragen, warum so viele Paare diese Goldmine an Zeit für eine dürftige Mahlzeit oder für Fast Food opfern.

Nachgedacht

◎ Wie waren in Ihrer Kindheit bei Ihnen zu Hause die Mahlzeiten und was ist an Ihren Mahlzeiten heute anders? Wie wirkt sich das auf Ihre gemeinsame Zeit als Paar aus im Vergleich mit der Zeit, die Ihre Eltern damals miteinander hatten?

◎ Welche konkreten Themen möchten Sie gerne beim Essen ausklammern? Warum?

◎ Wenn Sie auf einen Zauberknopf drücken könnten, um Mahlzeiten so stattfinden zu lassen, wie Sie es sich eigentlich wünschen, was würde dann passieren? Wie viel von Ihrem Ideal könnten Sie umsetzen durch das, was Sie auf den Tisch bringen – im wörtlichen Sinne?

Kapitel 9

Finanzen:
Zeit ist Geld

Das höchste Gut im Leben
ist in der Verwaltung unserer Zeit zu finden.
Robert M. Fine

Hätten Sie lieber mehr Zeit oder mehr Geld? Etwas weniger als die Hälfte der Befragten bei dieser Umfrage entschieden sich für das Geld.[1] Es stellte sich heraus, dass sich 51 Prozent für mehr freie Zeit entschieden, auch wenn das bedeutet, weniger Geld zu haben. Und 35 Prozent hätten lieber mehr Geld verdient, auch mit der Folge, dann weniger Zeit zu haben. Der Rest der Befragten war bei der Antwort unentschlossen.[2]

Einen engen Zusammenhang zwischen Zeit und Geld gibt es schon seit eh und je. Besonders deutlich spüren das Menschen, die ständig auf der Überholspur unterwegs sind. Als das amerikanische Magazin *Fast Company* seine Leser zu diesem Zusammenhang befragte, wurde das folgendermaßen formuliert: Wenn Sie eine Stunde mehr pro Tag haben könnten oder eine Gehaltserhöhung um 10.000 Dollar im Jahr, wofür würden Sie sich entscheiden?

Eine wirklich interessante Fragestellung. Wie würden Sie darauf antworten? Hätten Sie lieber eine Stunde pro Tag zusätzlich oder lieber mehr Geld? Wenn Sie sich für das Geld entscheiden, gehören Sie zu der Mehrheit der *Fast-Company*-Leser. Kolossale 83 Prozent von ihnen entschieden sich für das Geld, während nur 17 Prozent mehr Zeit wählten.[3] Aber das sagt vielleicht auch eher etwas über die Leser dieser Zeitschrift aus als über die Durchschnittsbevölkerung. Warum ist das so? Weil eine Unmenge von Untersuchungen bestätigen, dass Menschen sich meistens eher für mehr Zeit als für mehr Geld entscheiden.

Natürlich hat der Status, den man hat, und das Land, in dem man lebt, viel zu tun mit den Werten, die man lebt und vertritt. Jeder, der Beruf und Familie miteinander vereinbaren muss, ist damit reichlich beschäftigt und muss mit seiner Zeit jonglieren, und zwar so sehr, das haben die Umfrageinstitute herausgefunden, dass sich die meisten „Jongleure" für mehr Zeit als für mehr Geld entscheiden würden, wenn sie denn die Wahl hätten.

Welchem der beiden Sie auch immer den Vorzug geben würden, es bleibt die Tatsache, dass Ihre Einstellung zum Geld und Ihr Umgang damit in Ihrer Ehe eine große Rolle spielen, besonders weil es einen Zusammenhang zwischen dieser Einstellung und der Zeit gibt, die Ihnen gemeinsam zur Verfügung steht.

Ihr Geld oder Ihre Frau

„Wieso triffst eigentlich immer du die Entscheidungen übers Geld?", fragte ich.

Les und ich standen in einem großen Kaufhaus und versuchten, eine günstige Bettdecke für unser Ehebett zu erstehen.

„Ich treffe doch gar nicht die Entscheidungen über unser Geld", sagte er. „Das tut unser Bankkonto."

Dieser Bemerkung folgte eine ebenso langatmige wie hitzige Debatte – na ja, es war eher ein Streit – darüber, wie wir mit unserem Geld umgehen, beziehungsweise damit umgehen sollten. Hatte dabei *er* das Sagen oder *wir* beide gemeinsam? Mit zu den größten Streitigkeiten in unserer Ehe gehören die, in denen es um Geld geht.

> *Meine Zeit gehört genau so sehr mir wie mein Geld. Wenn ich nicht jeden anderen mein Geld ausgeben lasse, dann lasse ich doch auch nicht jeden meine Zeit verplanen.*
> Fred Smith

Geld ist immer ein gutes Thema für einen Ehekrach. Es ist

schließlich der Hauptstreitpunkt zwischen Ehepartnern, und das aus gutem Grund. Geld dient als Waffe im Kampf um unsere Unabhängigkeit. Es ist der Kampfschauplatz für Auseinandersetzungen über Verantwortung und Urteilsvermögen. Das Thema Finanzen kann sogar ein Forum sein, um Selbstwertzweifeln Luft zu machen. Ein Partner, der unverantwortliche Entscheidungen in Bezug auf die Finanzen trifft, kann beispielsweise damit eine dahinter versteckte Botschaft vermitteln, und zwar: Rette mich, löse meine Probleme! Und wenn es einem der Ehepartner besonders schwerfällt, Geschenke anzunehmen, kann das auf einen tiefer liegenden Mangel an Vertrauen hindeuten. Eine Frau, die jedes Mal Unmengen von Kleidern und anderen Dingen einkauft, wenn ihr Mann sich von ihr zurückzieht oder kühl reagiert, versucht dadurch vielleicht, seine Aufmerksamkeit zu gewinnen.

Der springende Punkt bei alldem ist der, dass Geld sowohl eine Waffe als auch ein Instrument sein kann. Und wenn Sie es benutzen möchten, um mehr aus der Zeit zu machen, die Sie sich für Ihre Ehe zurückholen wollen, dann müssen Sie darüber reden. Gestatten Sie uns deshalb, einfach geradeheraus zu fragen: Wie gehen Sie beide gemeinsam mit Ihrem Geld um? Uns ist klar, dass das eine sehr persönliche Frage ist, denn die meisten Menschen sprechen nicht gerne über Geld. Aber wenn Sie diese Frage beantworten, könnten Sie durchaus zu dem Ergebnis gelangen, dass die Finanzen eine Goldmine für mehr gemeinsame Zeit sein könnten.

In der Ehe mit Geld umgehen

Wir werden Ihnen in diesem Kapitel keine Tipps zum Umgang mit Geld geben. Wir werden Ihnen nicht zeigen, wie man einen Haushaltsplan aufstellt oder Schulden abbaut. Für all das gibt es jede Menge anderer Ratgeber. Wir möchten Ihnen vielmehr helfen, die Psychologie des Geldes aus Ihren unterschiedlichen Sichtweisen zu erkennen. Warum wir das wollen? Weil die meisten Paare Zeit verschwenden, wenn es um die Finanzen geht.

Nehmen wir zum Beispiel die Rolle, die Sie in Ihrer Ehe im Umgang mit Ihrem Geld eingenommen haben. Wer bezahlt bei Ihnen die Rechnungen und führt die Konten? Und warum tut gerade er/sie es? Über die Hälfte aller verheirateten Frauen sind in ihrer Ehe für die Finanzen zuständig.

Ungefähr dann, wenn wir glauben, dass wir Licht am Ende des Tunnels sehen, kommt jemand und verschiebt das Ende.

Herbert Hoover

Ist bei Ihnen eine Person für Ihren Haushaltsplan zuständig oder erstellen Sie den gemeinsam? Oder leben Sie ganz ohne Haushaltsplan? 62 Prozent aller Männer in den USA sagen, dass Sie für das Budget der Familie zuständig sind, obwohl das vielleicht nicht ganz so beeindruckend ist, wie es sich zunächst anhört. 85 Prozent aller Haushalte haben nämlich gar keinen formalen Finanzplan oder halten sich nicht an den vorhandenen.

Trotzdem ist es aber wichtig, über die Rollen im Prozess der Finanzplanung zu sprechen. Dazu gehört übrigens auch, wer der Hauptverdiener ist. Vor ein paar Jahren stellte sich diese Frage noch gar nicht, denn da war es immer der Mann. Heute ist die Mehrheit aller Ehepaare Doppelverdiener und 25 Prozent der Frauen in Doppelverdienerhaushalten verdienen mehr als ihre Männer.

So wie jeder Gedanke Gold wert ist, ist es auch jeder Augenblick Zeit.

John Mason

Ihre jeweilige Rolle bei den Finanzen zu erkunden, ist der erste Schritt, in Ihrer ganz persönlichen Zeitmine auf mehr Gold zu stoßen. Der nächste Schritt besteht darin, eine schmerzliche Tatsache zu erkennen und zu akzeptieren.

Mehr arbeiten, um mehr Geld auszugeben = weniger Zeit

Manche Leute arbeiten mehr als nötig, weil sie mehr Geld ausgeben als nötig. Selbst kleine Dinge können am Ende viel Arbeitszeit kosten, wenn man die gesamte zusätzliche Arbeit zusammenrechnet, die erforderlich ist, um sie finanzieren zu können.

„Weil wir in einer Kultur leben, die behauptet, dass ‚mehr' besser ist, leiten wir unsere persönliche Bedeutung davon ab, wie viel wir besitzen", sagt Allen Bluedorn, Professor für Management an der Universität von Missouri. „Die Folge ist, dass der Motivationsmechanismus des Menschen auf ‚mehr' eingestellt ist. Und das ist eine Formel für persönliche, soziale, politische und Umweltkatastrophen."[4]

Dem ist nichts entgegenzusetzen. Wir sorgen durch mehr Arbeit dafür, dass wir mehr konsumieren können, stellen aber dann fest, dass wir dadurch nur noch mehr Zeug haben, um das wir uns Sorgen machen müssen. Wenn Sie also ernsthaft mehr gemeinsame Zeit haben wollen, dann ist es jetzt vielleicht an der Zeit, zurückzukehren zum *Genug* – diesem angenehmen Zustand, alles zu haben, was wir brauchen, aber nichts im Übermaß. Was glauben Sie – können Sie leben mit lediglich „genug"?

Eines muss nämlich bedacht werden. Um eine harte und kalte Formel kommen wir nicht herum: länger arbeiten, um mehr zu haben = weniger Zeit. Wenn aber das Ziel wird, einfach nur genug zu haben, dann kann man in seinem Leben eine Bilanz ziehen, die einem mehr Zeit für die Beziehung(en) lässt.

Was uns zu einer weiteren Fehlbezeichnung führt, die zeitbewusste Ehepaare zum Stolpern bringt.

Fifty-fifty ist ein Trugschluss

Im Zweiten Weltkrieg arbeitete der Wirtschaftswissenschaftler E.F. Schuhmacher, der damals noch ein junger Statistiker war, auf einer Farm. Jeden Tag zählte er als Erstes die zweiunddreißigköpfige Viehherde und ging dann seinen anderen Aufgaben nach. Eines Tages erzählte ihm ein alter Farmer, dass das Vieh nicht gedeihen würde, wenn er es jeden Tag zähle. Und tatsächlich, eines Tages zählte er nur noch einunddreißig Tiere. Eines lag tot im Gebüsch. Jetzt verstand Schuhmacher, was der Farmer gemeint hatte: Es war wichtiger, auf die Qualität eines jeden einzelnen Tieres zu achten.

„Sieh ihm in die Augen. Schau dir genau an, ob sein Fell glänzt.

Du weißt dann vielleicht nicht so genau, wie viel Stück Vieh du hast, aber du rettest möglicherweise einem kranken Tier das Leben", war die Lebensweisheit, die Schuhmacher lernte.

Vielleicht auch ein weiser Rat für Ehepaare, die gemeinsam ihr Geld verwalten. Wenn wir anfangen zu zählen und aufzurechnen, wer wann wie viel für was ausgegeben hat, dann legen wir damit unsere Ehe auf eine Waage. Statt uns darauf zu konzentrieren, eine möglichst gute Ehe zustande zu bekommen, fangen wir an zu messen, wie viel jeder aus der Ehe herausbekommt. Die Beziehung hat dann immer mehr Ähnlichkeit mit einem Bankkonto, von dem wir den uns zustehenden Anteil abheben, statt so viel wie möglich wieder zu investieren.

Wenn diese Haltung sich erst einmal auf unseren Umgang mit Geld ausgeweitet hat, dann leidet darunter mit Sicherheit auch unsere gemeinsame Zeit. Die Zeit wird dann genauso aufgeteilt wie das Geld. Wir fangen an zu zählen, wie viel Zeit der andere beim Golf oder mit Telefonieren oder sonst wie verbringt. Die Ehe wird zu einem großen Aufrechnen und wir tun so, als könnten wir tatsächlich eine Fifty-fifty-Beziehung herstellen. Also, wenn Sie es nicht ohnehin schon wissen, diese Art von Beziehung gibt es nicht. Und schon allein der Versuch, sie irgendwo zu finden oder irgendwie hinzubekommen, wird in Ihrer Beziehung zu einer kleinlichen Erbsenzähleratmosphäre und Haarspalterei führen.

Wir denken viel mehr darüber nach, wie wir unser Geld nutzen, das erneuerbar ist, als über die Nutzung unserer Zeit, die unersetzlich ist.
Stephan Rechtschaffen

Wenn Sie zufällig zu denen gehören, die diesem Fifty-fifty-Trugschluss erlegen sind, dann erlauben Sie uns bitte, Ihnen einen ganz simplen Vorschlag zu machen: Hören Sie damit auf. Wir wissen, dass das eine recht unverblümte Aussage ist, aber es ist der beste Ausweg aus dieser Falle. Hören Sie einfach auf zu zählen.

Hören Sie auf, in Prozenten zu rechnen, die Sie aufteilen müssen. Einigen Sie sich darauf, damit aufzuhören, indem Sie ein Zeitbudget aufstellen, mit dem Sie beide leben können. Einigen Sie sich ebenfalls darauf, wofür Sie Ihr Geld ausgeben wollen, und legen Sie diesen Streit damit bei. Das nächste Mal, wenn einer von Ihnen anfängt, Prozente gegeneinander aufzurechnen, können Sie dann das gemeinsam vereinbarte Zeitbudget für sich sprechen lassen.

Was? Ich und Sorgen ...?

In Kapitel 7 über das Thema „Zeiträuber" haben wir darüber gesprochen, wie sehr unsere Ungeduld uns in unserer Beziehung Zeit rauben kann. Sorgen sind ein weiterer Zeiträuber – besonders weil sie oft auch mit Geld zu tun haben.

Stolze 67 Prozent der Amerikaner machen sich mehr Gedanken über ihre finanzielle als über ihre körperliche Sicherheit. Also, welche Themen und Angelegenheiten sind es, die Ihnen nachts den Schlaf rauben? Mehr als die Hälfte aller Amerikaner haben Angst, dass sie irgendwann knausern müssen, um über die Runden zu kommen. Weitere 21 Prozent machen sich Gedanken darüber, ob ihre Ersparnisse fürs Alter ausreichen werden.[5]

Denken Sie nur an all die Stunden, die wir mit Geldsorgen vergeuden. Natürlich verdient Geld unsere ganz besondere Aufmerksamkeit, denn es ist in unserer Gesellschaft nun einmal lebenswichtig, aber wenn es unser gesamtes Denken gefangen nimmt und es durch Sorgen zersetzt, dann vergeudet es unsere Zeit.

Und was sagen wir nun dazu? Vielleicht: Hören Sie auf, sich Sorgen über Geld zu machen? Nicht ganz. Aber wir sagen, dass man seine finanziellen Sorgen reduzieren kann, indem man einen ganz praktischen Schritt tut – und zwar noch heute.

Am häufigsten Gedanken machen sich doch die meisten darüber, dass irgendwann kein Geld mehr da ist, besonders im Alter, oder? Kein Wunder! Trotz ihrer finanziellen Ängste haben nur 52 Prozent der Amerikaner Geld auf der hohen Kante oder Geld für eine Zusatzrente angelegt. Dies ist in anderen Ländern zwar etwas anders, aber auch dort sollte man trotz der staatlichen Rente unbedingt privat vorsorgen.

Leider reicht jedoch das, was die Amerikaner sparen, nicht aus. Die meisten Leute legen weniger als fünf Prozent ihres Nettoeinkommens aufs Sparbuch oder in Aktienfonds an. Siebzehn Prozent aller Amerikaner sagen sogar, dass sie gar kein Geld sparen, weder auf Sparkonten noch in Form von anderen Geldanlagen.

Wenn Sie mehr Zeit für Ihre Ehe gewinnen möchten, dann können Sie das auch tun, indem Sie sich weniger Sorgen über Geld machen. Und das wiederum können Sie erreichen, indem Sie zunächst Ihre Schulden abbezahlen und dann anfangen, ein Sparguthaben aufzubauen. Sie müssen deshalb nicht zum Geizkragen werden. Wenn Sie es richtig anstellen, werden Sie den Betrag, der auf Ihr Sparkonto geht, gar nicht bemerken. Ja, Sie werden in diesem Prozess des Geldsparens auch noch Zeit sparen. Wie das geht? Indem es ganz automatisch geschieht.

David Bach, Autor des Buches *Automatisch Millionär* sagt, dass man ein System einrichten muss, bei dem dieser Betrag gleich am Monatsersten direkt und automatisch vom Gehalt abgezogen wird. Das lässt sich ganz einfach mithilfe eines Dauerauftrags erledigen. Warum das so am besten funktioniert? Weil Sie, wenn Sie so sind wie die meisten Menschen, sich nicht darauf verlassen können, dass Sie auch wirklich jeden Monat diesen Betrag auf das Sparkonto überweisen. „Es ist gar nicht so, dass die Menschen faul sind", sagt Bach. „Sie sind nur permanent beschäftigt. So diszipliniert sie auch sein mögen. Sie haben einfach nicht die Zeit, jeden Monat, wenn das Gehalt überwiesen wird, mit der Hand ein Überweisungsformular auszufüllen und das Geld auf ihr Sparkonto zu überweisen."[6]

Und wenn ihr euch noch so viel sorgt, könnt ihr doch euer Leben um keinen Augenblick verlängern.
Matthäus 6,27 (Hfa)

Also reduzieren Sie Ihre Sorge um die Finanzen und legen Sie dadurch gleich auch etwas Zeit zurück auf Ihr Ehekonto.

Geben, was Sie können

Martin Luther hat gesagt: „Es sind drei Bekehrungen nötig: die Bekehrung des Herzens, die Bekehrung des Denkens und die Bekehrung des Geldbeutels." Für mache Paare ist der dritte Punkt der schwierigste. Sich in finanziellen Angelegenheiten einig zu sein, ist immer auch etwas Emotionales, und zu entscheiden, wie viel man weggibt von dem, was man hat, kann da eine ganz besondere Herausforderung darstellen. Aber dies ist ein ganz grundsätzlicher Teil unserer Bekehrung.

Billy Graham hat einmal gesagt: „Wenn ein Mensch seine Einstellung zum Geld geklärt hat, dann hilft ihm das, auch fast jeden anderen Lebensbereich zu klären." Anders ausgedrückt, wenn Sie einmal eine gesunde Einstellung dazu erlangt haben, wie Sie Ihr Geld zum Guten einsetzen, dann fallen in der Regel auch andere Dinge – wie beispielsweise Ihr Zeitmanagement – leichter an ihren Platz. Wenn Sie also dabei sind, sich Ihre gemeinsamen Momente zurückzuholen, vernachlässigen Sie dieses wichtige Thema nicht und sprechen Sie darüber. Denken Sie doch nur an die Freiheit und die Freude, die es bereitet, Geld zu verdienen, um es weiterzugeben. Und denken Sie an die Worte von Francis Bacon: „Geld ist wie Kompost, es ist nicht gut, es sei denn, man verteilt es."

Führ mich zur Zeit!

Der Film *Jerry Maguire* aus dem Jahr 1996 ist für viele denkwürdige Sprüche bekannt, aber es ist in dem Oskar-prämierten Film wahrscheinlich keiner so bekannt wie der Satz von Rod Tidwell, einem Footballprofi, der genauso einen Multimillionen-Dollar-Vertrag verlangt wie ihn alle anderen Starspieler auch bekommen haben. In einem Telefonat spricht er mit seinem Agenten Jerry Maguire, der von Tom Cruise gespielt wird, und schreit dabei mehrmals laut in den Hörer: „Führ mich zum Schotter!"

Minuten sind mehr wert als Geld.
Verwende sie weise.
Thomas P. Murphy

Diese Zeile wurde anschließend zum Schlachtruf unzähliger Arbeitnehmer im ganzen Land. „Führ mich zum Schotter!", forderten sie von ihren Arbeitgebern.

„Führ mich zum Schotter, dann bringe ich auch mehr Leistung." Noch heute, Jahre später, ist dies ein beliebter Spruch.

Glauben Sie, dass dieser Satz im kollektiven Gedächtnis haften geblieben wäre, wenn es um Zeit statt um Geld gegangen wäre? Können Sie sich vorstellen, wie Cuba Gooding jr. laut schreit: „Führ mich zur Zeit!"? Das klingt als Forderung schon ziemlich aggressiv, oder? Aber dieses umformulierte Zitat ist genau das, was jedes nach Zeit lechzende Paar von seinem Geld fordern muss. Denken Sie daran, dass Zeit Geld ist. Und die Art und Weise, wie Sie es einsetzen, entscheidet, was Sie durch Ihre Investition am Ende herausbekommen.

Nachgedacht

◎ Hätten Sie lieber jeden Tag eine zusätzliche Stunde zu Hause zur Verfügung oder zusätzlich zehntausend Euro im Jahr? Begründen Sie Ihre Wahl.

◎ Was halten Sie von der Idee, mit „genug" auszukommen? Was würde das für Sie beide bedeuten und ist es etwas, das Sie ernsthaft in Erwägung ziehen würden, um mehr Zeit zu haben? Warum, beziehungsweise warum nicht?

◎ Was ist zurzeit Ihre größte Sorge in Bezug auf Ihre Finanzen? Inwiefern frisst diese Sorge einen Teil Ihrer Zeit? Was können Sie in den nächsten zwölf Monaten realistisch unternehmen, um diese Sorge spürbar zu verringern? Was könnte Sie daran hindern, das zu tun?

Kapitel 10

Ruhe: Sich zurückholen, wonach Sie sich sehnen

Verschieben Sie die Siesta, die Sie heute halten können,
nicht auf morgen.
Thierry Paquot

Der kluge griechische Philosoph Aristoteles hat vor langer Zeit
einmal gesagt, dass wir Menschen arbeiten, um Muße zu haben.
Das ist ein bisschen so, wie Diät zu halten, um dann wieder richtig zuschlagen zu können. Wir arbeiten viel, wir ruhen ein wenig.
Dann arbeiten wir ein bisschen mehr, um ein bisschen mehr
Muße zu haben. Das Problem dabei ist nur, dass die Zeit, in der
wir ruhen, offenbar schrumpft. Wann haben Sie zum letzten Mal
gar nichts getan?

G. K. Chesterton meint, dass Aristoteles mit Muße nicht Träg-
heit gemeint hat, völlige Untätigkeit, sondern etwas anderes zu
tun als die üblichen Alltags- und Lebensaufgaben, etwas, das wir
für uns selbst tun wollen, etwas, das uns Freude macht, etwas,
das nichts mit unserem sonstigen Arbeitsleben zu tun hat. Anders ausgedrückt, echte Muße verjüngt, erfrischt, baut auf, bringt
Ruhe und sorgt für Erholung. Muße zu genießen, geschieht nicht,
um hinterher wieder besser arbeiten zu können, sondern sie dient
dazu, ein besserer Mensch zu werden – in unserem Fall ein besseres Ehepaar.

Ihre Ehe kann nicht allein von der Arbeit leben. Aber genauso,
wie der Körper Ruhe einfordert, tut dies auch unsere Beziehung.
Dieses letzte Kapitel des dritten Teils widmen wir deshalb dem

Anliegen, sich Ihre Auszeiten zu schaffen, die Ihnen gefehlt haben, und aus diesen Zeiten dann so viel wie möglich zu machen.

Wochenendkrankheit

In weiten Teilen der Welt stöhnt man über die Tradition der Siesta in Italien, Spanien und Mexiko. Wir schmunzeln über die französische Sitte, im August alle Firmen und Geschäfte zu schließen, und über den in Schweden verordneten Mindesturlaub von fünf Wochen pro Jahr.

Die meisten Menschen in Nordamerika und an vielen anderen Orten der Welt fühlen sich gar nicht wohl bei dem abstrakten Gedanken von freier Zeit. Es entspricht uns Amerikanern und auch uns Deutschen nicht, Zeit einfach verstreichen zu lassen. Unstrukturierte, tote, verschwendete Zeit – löst Unbehagen bei uns aus. Ja, manche Leute macht der Gedanke sogar richtig krank.

Nehmen wir einmal ein ganz typisches Szenario an. Es ist endlich Wochenende. Sie sind bereit, sich zu entspannen und es locker angehen zu lassen. Aber irgendwie haben Sie leichte Kopfschmerzen, einen steifen Nacken und offenbar kündigt sich eine Erkältung an. Wissenschaftler der Universität Tilburg in den Niederlanden sagen, dass es oft Perfektionisten sind, die unter solchen Symptomen leiden, oder Menschen, die eine starke Arbeitslast haben und sich in ihrem Beruf sehr verantwortlich fühlen. Solche Menschen sind besonders anfällig für die Symptome, die unter der Bezeichnung Wochenendkrankheit zusammengefasst werden. Diesen Leuten fällt der Übergang von der täglichen Schufterei zum Zuhausesein einfach schwerer.

Der holländische Wissenschaftler Ad Vingerhoets hat mit seiner Untersuchung begonnen, nachdem er bei sich selbst festgestellt hatte, dass er an Wochenenden und im Urlaub oft unter Kopfschmerzen und anderen körperlichen Beschwerden litt. Er versuchte herauszufinden, ob es bereits Untersuchungen zu diesem verblüffenden Phänomen gab – ohne Ergebnis. Also beschloss Vingerhoets, der auf dem Gebiet Stress und Gefühle forscht, sich wissenschaftlich mit dieser Thematik zu befassen.

Der Wissenschaftler und sein Team beobachteten dabei hundert Personen, die an Wochenenden und in den Ferien über Herz- und Muskelschmerzen, Müdigkeit und Übelkeit klagten. Die meisten der Probanden berichteten, dass sie seit über zehn Jahren in ihren Ruhezeiten unter solchen Symptomen litten.

Nach Aussage der Wissenschaftler sind aber auch noch andere Gründe für die Wochenendkrankheit denkbar. „Möglicherweise ist man sich der Symptome in einer ruhigeren Umgebung bewusster als in der Hektik am Arbeitsplatz", sagt Vingerhoets. Unser Körper wehrt eine Krankheit vielleicht so lange ab, bis man endlich das Tempo drosseln kann.[1]

Die Lösung? Dazu kommen wir gleich.

Mach mal Pause

Ob Sie an der Wochenendkrankheit leiden oder nicht, Sie brauchen Pausen. Wenn Sie nicht zu einer sehr kleinen Minderheit gehören, sind Sie selten ausgeruht. In einer kürzlich durchgeführten Telefonumfrage in tausend Haushalten stellte das Institut für Arbeit und Familie *(Families and Work Institute)* fest, dass sich die Mehrheit der amerikanischen Ehepaare überlastet fühlt. Von den Befragten gaben 55 Prozent an, sie fühlten sich durch die viele Arbeit, die sie zu erledigen hätten, überfordert, und 90 Prozent gaben an, dass sie „zu viel" arbeiteten.[2]

Wenn festgestellt wird, dass ein Arbeitnehmer nicht überfordert ist, wenn er in weniger Zeit mehr Arbeit schafft als andere, wie wird er dann dafür belohnt? Mit mehr Freizeit vielleicht? Wohl kaum. Dann wird eher überlegt, dass man, wenn er mit drei Bällen perfekt jonglieren kann, ihm möglichst noch einen vierten geben sollte, damit er ausgelastet ist.

Eine weitere Umfrage desselben New Yorker Instituts ergab, dass in Haushalten mit Kindern, in denen beide Ehepartner berufstätig sind, jeder Ehepartner ein Minimum von fünfzehn Stunden täglich für Arbeit, Anfahrtswege zur Arbeit, Haushaltspflichten und Kinder einsetzt.[3] Diese Zahlen, die auf einer Fünf-Tage-Woche basieren, bedeuten, dass jeder Ehepartner fünfundsiebzig Stunden pro Woche auf seinem Arbeitskonto zu verzeichnen hat, bevor das Wochenende beginnt. Außerdem ist inzwischen für viele Menschen auch der Samstag ein ganz normaler Werktag. Wir richten „Liebling-kannst-du-bitte-Listen" ein, verteilen Aufgaben, nehmen an Projekten teil und kutschieren die Kinder zu Freunden, Sportveranstaltungen und Einkaufszentren.

Ehepaare arbeiten heutzutage schwerer und mehr als je zuvor. Und wir verbringen nicht nur mehr Zeit im Beruf, sondern auch das Tempo und die Intensität der Arbeitstage hat zugenommen.

Puh, Zeit für eine Pause.

Die drei R der Erholung

Wir haben lange geglaubt, dass der Umstand, so viel zu tun zu haben, vorübergehend sei, es handele sich nur um eine besonders chaotische Phase. „Das wird sich bestimmt wieder regeln", sagten wir uns immer wieder. Aber die Ergebnisse kürzlich durchgeführter Untersuchungen haben bewirkt, dass wir daran nicht mehr glauben. Was ja etwas Ermutigendes wäre, wenn wir etwas ändern würden. Es stellt sich aber heraus, dass wir im Laufe dieses Prozesses nur apathischer, wenn nicht sogar pessimistischer werden. Einer kürzlich von der Zeitschrift *Newsweek* durchgeführten Umfrage zufolge glauben 64 Prozent der Befragten, dass sie künftig mehr Freizeit haben werden als zur Zeit der Umfrage.[4]

Wenn Sie zu diesen 64 Prozent gehören, dann haben wir etwas, das Ihnen vielleicht Mut macht. Sie brauchen nicht weiter zu schuften, ohne die Zeit zu haben, Ihren Akku wieder aufzuladen. Sie müssen gar nicht pausenlos schuften wie ein Ackergaul. Sie können einfach Ihren Job kündigen! Sie finden das zu drastisch? Na gut. Dann haben wir noch eine andere Alternative. Dazu gehören drei wichtige Elemente, die wir als die Rs bezeichnen:

- ◉ Ruhe

- ◉ Relaxen

- ◉ Regeneration

Wenn Sie der Meinung sind, Sie hätten nicht genug Zeit für diese drei Rs, dann beweist das nur, wie dringend Sie sie nötig haben. Heute Morgen sind Millionen von Menschen vor dem Morgengrauen aufgestanden und dann zur Arbeit gegangen. Viele davon, weil sie es mussten, viele auch, weil sie es nicht anders wollten. Es ist die letztere Gruppe, an die der Dichter Thomas Carlisle wahrscheinlich gedacht hat, als er schrieb: „Glücklich, wer seine Arbeit gefunden hat; lass ihn nicht nach weiterem Segen verlangen, er hat eine Arbeit. Einen Lebenszweck." John Gardner, Leiter der in Washington ansässigen Ideenschmiede *Common Cause*, lässt diesen Grundgedanken nachklingen, wenn er sagt: „Was kann befriedigender sein, als sich in eine Arbeit einzubringen und sich darin zu engagieren, in der jede Fähigkeit oder jedes Talent, das man hat, gebraucht wird, jede Lektion, die man gelernt hat, von Nutzen ist, jeder Wert, den man vertritt, gefördert wird?"

Carlisle und Gardener haben wirklich recht. Arbeit kann eine Berufung sein, ein echter Segen, der Erfüllung bringt. Für andere dagegen ist sie ein Fluch, nicht mehr als ein notwendiges Übel, um zu überleben. Wo auch immer Sie sich auf dieser Skala ansiedeln, ob Sie Gründer und Aufsichtsratsvorsitzende eines großen Konzerns sind oder jemand, der für einen Hungerlohn im Dienstleistungsgewerbe arbeitet, schlecht bezahlte, monotone Arbeit am Band in einer anonymen Fabrikanlage hat oder als Elternteil zu Hause ist, um sich um die Kinder zu kümmern, Sie – und Ihre Ehe – können davon profitieren, wenn Sie die drei Rs praktizieren.

Ruhe: Sich Zeit nehmen für süßen Schlummer

Am Ende vieler Einträge in seinen berühmten Tagebüchern, in denen die frühe Epoche der Restauration in England beschrieben wird, verabschiedet sich Samuel Pepys mit den Worten: „Und dann ... zu Bett."

Für Pepys kennzeichneten diese vier kleinen Worte das Ende eines Tages im London des 17. Jahrhunderts. In der Welt von heute könnte dieser kleine Satz als cleverer Schlachtruf einer noch jungen Bewegung dienen, die Menschen dabei helfen möchte, mehr Nickerchen zu machen.

Frischgebackene Eltern haben irgendwann die erste Gruppe von Erwachsenen mit chronischem Schlafmangel gegründet. Heute bekommen zwei Drittel aller Amerikaner laut der *National Sleep Foundation* (dt.: Staatliche Schlafstiftung) keine acht Stunden Schlaf pro Nacht, mit der Folge, dass Amerika eine chronisch übermüdete Nation ist.

In unserer anstrengenden Welt, in der sieben Tage die Woche, 24 Stunden am Tag Trubel herrscht, ist Schlaf zu etwas Entbehrlichem geworden, ja, fast so etwas wie Zeitverschwendung. Und wenn man ein Mensch ist, der normalerweise acht Stunden in der Nacht schläft, geht man durchaus das Risiko ein, für einen Deppen gehalten zu werden. Die neue Form von Angeberei geht so: „Ich habe einfach zu viel zu tun und bin zu wichtig, um zu schlafen."

Wie schön ist es, nichts zu tun und sich danach auszuruhen.
Spanisches Sprichwort

Sind Sie auch schon auf diese Lüge hereingefallen? Machen Sie keinen Fehler – das ist nämlich wirklich eine Lüge. Jeder braucht Schlaf. Schlaf ist kein Luxus. Alle Menschen auf der ganzen Welt, Flusspferde im Dschungel und Fische im Aquarium – sie alle brauchen Schlaf! Schlaf ist so wichtig wie atmen und essen. Ja, Menschen können sogar ohne Essen länger überleben als ohne Schlaf.

Unser Körper zahlt einen hohen Preis für zu wenig Schlaf. Wir werden träge im Denken, irrational und reizbar. Unsere Reaktionszeit verlängert sich. Wir werden anfälliger für Krankheiten. Ein Schlafdefizit von drei, vier Stunden täglich kann zu Hormonschwankungen führen.

Menschen, die nicht genug schlafen, haben Konzentrationsschwierigkeiten und es fällt ihnen schwer, an Problemstellungen logisch heranzugehen. Sie werden außerdem anfällig für Traurigkeit, Depressionen und Ärger und ihr Immunsystem kann darunter leiden. Wir altern sogar schneller und nehmen leichter zu, wenn wir nicht genügend Schlaf bekommen.

Nach Meinung von Fachleuten ist man am besten für den Tag

gerüstet, wenn man pro Nacht acht Stunden Schlaf bekommt. Ein Drittel aller Erwachsenen gibt jedoch an, dass sie normalerweise nicht mehr als sechseinhalb Stunden schlafen. Und diese Stunden sind oft noch nicht einmal besonders erholsam. Das heißt, dass man nicht seinen „Traumquotienten" erreicht.

Träume, diese geheimnisvollen Schlaffantasien, sind oft bizarr und wir werden nicht immer schlau aus ihnen. Bei genügend Schlaf träumt jeder Mensch und durchläuft in einer Nacht mit normalem Schlaf mehrere Traumphasen, das ist wissenschaftlich erwiesen. Seit Jahren stellt sich jedoch die Frage, was diese Traumphasen bewirken. Die Fachleute von heute finden darauf jetzt zunehmend auch Antworten. Im Traumschlaf stärkt nämlich das Gehirn das Gedächtnis, klärt ungelöste Probleme und hilft uns, Dinge zu vergessen, an die wir uns nicht zu erinnern brauchen. Das Gehirn muss, genau wie die Festplatte unseres Computers, hin und wieder defragmentiert werden. Und genau das bewirkt der Traumschlaf.

Hier also der Schlüssel zu gutem Schlaf: Man muss genügend Traumschlaf bekommen, um davon zu profitieren. Wenn man nur sechs Stunden schläft, lässt man mehrere wesentliche Traumphasen aus und bekommt nicht genügend Traumschlaf. Tun Sie also unbedingt alles, was in Ihrer Macht steht, um den nötigen Schlaf zu bekommen, und zwar nicht nur für Ihren Körper, sondern auch für Ihren Geist.

Hier Ihre Aufgabe für Sie als Ehepaar: Unterhalten Sie sich heute Abend im Bett vor dem Einschlafen darüber, wie Sie sich gegenseitig dabei helfen können, besser zu schlafen. Vielleicht klingt das merkwürdig für Sie, aber wenn Sie sich gegenseitig dabei unterstützen, ausgeruhter zu sein, dann werden Sie und Ihre Beziehung optimal funktionieren. Denken Sie doch nur an all die unnötigen Konflikte, die Sie dann vermeiden können (und die Zeit, die Sie dadurch sparen würden).

Hier ein paar Vorschläge, wie Sie das ganz praktisch anstellen können:

◎ indem Sie jeden Abend etwa um die gleiche Zeit ins Bett gehen,

◎ indem Sie irgendwann während des Tages Sport treiben,

◎ indem Sie spätabends nichts mehr essen,

◎ indem Sie sich vor dem Einschlafen gegenseitig noch ein bisschen massieren usw.

Der springende Punkt besteht darin, Ihren Schlaf wichtig zu nehmen und ganz konkret darüber zu sprechen, wie Sie dem anderen dabei helfen können, besser zu schlafen. Fangen Sie noch heute damit an.

Relaxen: Ernst machen mit dem Spaßhaben

„Ich bin immer wieder erstaunt, wie viele Menschen offenbar ihren eigenen Terminkalender nicht im Griff haben", sagt der legendäre Geschäftsmann Lee Iacocca. „Ich habe im Laufe der Zeit so viele Manager erlebt, die stolz zu mir kommen und sagen: ‚Mann, letztes Jahr habe ich so viel gearbeitet, dass ich nicht mal meinen Urlaub genommen habe.' Das ist beileibe nichts, worauf man stolz sein sollte. Ich möchte dann am liebsten immer sagen: ‚Du Dummkopf. Willst du mir allen Ernstes weismachen, dass du die Verantwortung für ein 80-Millionen-Dollar-Projekt übernehmen kannst, es aber nicht einmal schaffst, zwei Wochen pro Jahr einzuplanen, in denen du mit deiner Familie verreist und mal ein bisschen Spaß hast?'"[5]

Das ist ein gutes Argument, finden Sie nicht? Darum geht es nämlich bei der Erholung – ums Spaßhaben. Wir brauchen in unserem vollgestopften Kalender Freiräume, in denen wir einmal von der Unerbittlichkeit unseres Alltags und unserer Verantwortung im Beruf wegkommen, in denen Zeit ist zum Entspannen, ein gemächlicheres Tempo anzuschlagen und vorübergehend unsere Verbindung zur Arbeit ein bisschen zu lockern. Und genau dazu ist Urlaub zumindest gedacht.

Eine Umfrage bei der weltweit größten Personalvermittlungsfirma *Management Recruiters International Inc.* zeigt, dass wir in erstaunliche 82 Prozent unseres Urlaubs Arbeit mitnehmen.[6] Offenbar setzt sich also heutzutage ein Hang zum „Arbeitsurlaub" durch. Können Sie das glauben? Wir verderben uns unseren Urlaub, indem wir mit dem Büro telefonieren und E-Mails an Kollegen schreiben. Und dann kommt noch hinzu, dass 13 Prozent den Urlaub wegen Ihrer Arbeit abkürzen.[7]

Und es ist nicht nur der Urlaub, um den wir durch die Arbeit beschwindelt werden. Es sieht so aus, als ob auch unsere Wochenenden auf dem Spiel stehen. Nicht einmal ein Viertel aller Leute assoziieren mit dem Wochenende Spaß. Eine Umfrage unter über tausend Frauen hat ergeben, dass jede siebte Frau das Gefühl hat, dass am Wochenende die Depression über die vor ihr liegende Woche einsetzt.[8] Huch – langsam wird es Zeit, dass wir mit dem Spaßhaben Ernst machen.

> *Die Hälfte unseres Lebens wird damit verbracht zu versuchen, etwas zu finden, das wir mit der Zeit tun können, die wir gespart haben, indem wir durchs Leben hetzen.*
> Will Rogers

Genau das haben Ken und Stacey Coleman gemacht. Das Ehepaar aus Atlanta gehört in unserem Bekanntenkreis zu den Leuten, die am meisten Spaß haben. Sie sind beide Anfang dreißig und arbeiten viel und hart. Aber sie wissen auch, wann sie ihre Arbeit runterschrauben müssen. Sie haben die Kunst, miteinander zu entspannen, geradezu perfektioniert und dabei passiert es nicht, dass sie die Grenzen zwischen Arbeit und Entspannung verwischen. Sie beginnen jedes Jahr, indem sie im Kalender die Tage für Urlaub und Erholung sofort blocken. Letztes Jahr war eines ihrer Highlights eine Karibik-Kreuzfahrt, für die sie lange gespart und richtig geknausert hatten. Aber es sind gar nicht ihre Urlaube, die uns am meisten beeindrucken. Sie beherrschen die Kunst, so viel Spaß wie möglich in ein Wochenende zu packen –

bei ihnen sind es wöchentliche Miniurlaube, die von vielen Menschen jedoch oft mit noch mehr Arbeit ausgefüllt werden.

„Die Projekte, die am wenigsten anstrengend sind, lasse ich für Freitagnachmittag liegen", erzählte mir Ken. „Dann komme ich einigermaßen entspannt ins Wochenende." Weiter berichtete er, dass es meistens die Zeit beeinträchtigt, die er und seine Frau eigentlich für Spaß reserviert haben, wenn er am Freitag mit einem wichtigen Projekt bis zum Feierabend beschäftigt ist. „Was auch immer wir am Freitagabend machen", sagt Stacy, „fest steht, dass wir dabei nicht über die Arbeit reden. Der Freitagabend markiert den Anfang der bewussten Bemühung, ganz und gar bei dem zu sein, was wir zusammen unternehmen." Hier werden sowohl Arbeit als auch der Erholung die richtige Priorität zugeordnet.

Wie schaffen sie und andere Ehepaare das? Ken schlägt vor, mit einem Ritual zu beginnen. „Vor einiger Zeit haben wir uns einen Massagesessel geleistet, der jetzt in einer Ecke unseres Schlafzimmers steht. Zwanzig Minuten in diesem Sessel sind für mich der Startschuss ins Wochenende." Andere Paare beginnen ihr Wochenende, indem sie zusammen Sport treiben. Was auch immer Ihr Ritual ist, finden Sie etwas, das den Übergang von der Arbeitswoche zum Wochenende deutlich markiert.

Außerdem raten wir Ihnen dringend, sich eine Aktivität zu suchen, die Sie in Ihrer freien Zeit gemeinsam ausüben können. Wenn Sie das tun, werden Sie an Ihren Wochenenden spürbar mehr Zufriedenheit feststellen.

Besonders für Ehemänner ist das wichtig. Willard Harley sagt: „Freizeit gemeinsam mit seiner Frau zu verbringen, ist für den typischen Mann das Zweitwichtigste nach dem Sex." Und da hat er recht. Eine besonders große Diskrepanz zwischen Ehemännern und Ehefrauen besteht in ihrer Wahrnehmung von emotionaler Nähe. Für die meisten Frauen bedeutet Intimität, einander Geheimnisse mitzuteilen, Dinge miteinander zu besprechen, zu kuscheln etc. Männer stellen Intimität aber anders her. Sie treten in Verbindung durch gemeinsames Tun. Im Garten zu arbeiten oder miteinander ins Kino zu gehen, vermittelt ihm das Gefühl von Nähe. Männer legen überraschend viel Wert darauf, dass ihre Frauen ihnen auch in ihrer Freizeit Gefährtinnen sind.

Vernachlässigen Sie an Ihren Wochenenden und in Ihrem Urlaub also nicht diesen wichtigen Aspekt, gemeinsam etwas zu tun, das Ihnen beiden Spaß macht. Betrachten Sie die gemeinsame Zeit, in der Sie miteinander Spaß haben, als Versicherungspolice gegen das Verblassen von Leidenschaft und Intimität in Ihrer Beziehung.

Regeneration: Machen Sie Ihren Sabbat zu einer Rüstzeit für Ihre Seele

In ihren Memoiren mit dem Titel *Stranger in the Midst* beschreibt Nan Fink die Vorbereitungen, die sie und ihr Mann für ihren traditionellen jüdischen Sabbat trafen, folgendermaßen:

Am Freitagnachmittag hetzen wir in letzter Minute nach Hause, machen noch kurz beim Lebensmittelladen halt, wo wir alles Nötige einkaufen. Dann eilen wir in die Küche und kochen das Essen für die kommenden 24 Stunden vor. Suppe und Salat, gegrilltes Hühnchen, Süßkartoffeln und Apfelmus für das Abendessen und Gemüse oder Lasagne für das Mittagessen am nächsten Tag. Manchmal finde ich es seltsam, so in Eile zu sein, um sich auf die Ruhe des nächsten Tages vorzubereiten.

Die Sabbatvorbereitungen haben ihren ganz eigenen Rhythmus, und wenn erst einmal der Tisch gedeckt und das Haus in Ordnung gebracht ist, dann wird das Tempo langsamer.

„Du kannst als Erster unter die Dusche", rufe ich Michael zu.

„Okay, aber es wird schon langsam spät", antwortet er dann ein bisschen besorgt, denn der Sabbat beginnt mit Sonnenuntergang.

Im Bad halte ich mich dann länger als sonst vor dem Spiegel auf, betrachte mich darin, streiche die kleinen Fältchen in meinem Gesicht glatt und nehme mir dabei so viel Zeit wie nötig, mich auf die Stimmung der Stille einzustellen. Wenn ich dann wieder zu Michael gehe, um die Kerzen anzuzünden, dann scheint das ganze Haus verwandelt. Bücher und Papiere sind ordentlich zu Stapeln geordnet, auf dem Tisch steht eine Vase mit Blumen und das goldene Licht der untergehenden Sonne erfüllt den Raum ...

Der Sabbat ist mit nichts zu vergleichen. Vierundzwanzig Stun-

den lang existiert die Zeit, so wie wir sie kennen, nicht, und die Sorgen und Lasten der Woche fallen dadurch bald von einem ab. Ein Gefühl der Freude kommt auf. Der kleinste Gegenstand, ein Blatt oder ein Löffel, schimmert in dem sanften Licht und das Herz öffnet sich. Sabbat ist eine Meditation von unglaublicher Schönheit.[9]

Die hebräische Kultur des Sabbats lässt sich nur schwer in das christliche Leben integrieren, aber der Sabbat ist eine Grundeinheit christlicher Zeit, ein Tag, den die Gemeinde ebenso der Anbetung Gottes wie dem Ausruhen von der Arbeit widmet.

Wenn wir aber nicht ganz bewusst damit umgehen, dann kann unser heiliger Tag, an dem wir zur Kirche gehen und Gott ehren, nur zu einer weiteren Aktivität in unserem vollen Terminkalender verkommen. Ohne dass wir es eigentlich wollen, ist die Zeit dann wie an jedem anderen Tag auch.

Gedenke des Sabbattages, dass du ihn heiligest.
2. Mose 20,8

Gott befiehlt dem jüdischen Volk den Sabbat zum ersten Mal im 2. Buch Mose bei der ersten Offenbarung der Zehn Gebote, und dann noch einmal im 5. Buch Mose. Vielleicht ist das der Grund, weshalb man den Sabbat auch als eine lange Liste von Du-sollst-Nicht betrachten kann: Schalte kein Licht ein, fahre kein Fahrzeug, koche nicht, mache keine Pläne für die kommende Woche und so weiter. Letztlich lässt sich das aber zusammenfassen zu: Du sollst nichts (er)schaffen. Denn eines der Dinge, an die der Sabbat erinnert, indem er es wiederholt, ist das Ausruhen Gottes, nachdem er die Schöpfung vollendet hatte. Damit soll zum Ausdruck gebracht werden, dass wir, wenn Gott ruhen konnte, das auch können.

Moishe Konigsberg sagt dazu: „Wenn wir keine Maschinen bedienen oder Blumen pflücken oder Fische aus dem Meer holen ... wenn wir aufhören, die Welt zu stören, dann erkennen wir damit an, dass es Gottes Welt ist."

Ob wir damit vorschlagen wollen, dass Christen sich an die strengen Regeln des jüdischen Sabbats halten sollen? Nein. Das Neue Testament führt ganz unmissverständlich ein neues Verständnis des Sabbats ein.[10] In seinen Briefen macht Paulus ganz klar deutlich, dass das Einhalten des Sabbats, genau wie andere äußere Zeichen der Frömmigkeit, nicht heilsnotwendig ist.[11]

Der jüdische Sabbat hat jedoch etwas, das den meisten christlichen Sonntagen fehlt: Er stellt im Rhythmus der Arbeit und der Welt einen Schnitt dar. Er ist eine Zeit, die ganz gesondert und für sich steht. Der Sonntag ist nicht nur ein zusätzlicher Tag der Woche. Sonntag ist der heilige Tag der Ruhe – „ausgesondert" von den anderen Tagen. Wenn wir den Sonntag nicht bewusst vom Rest der Woche unterscheiden, dann verpassen wir dadurch eines der wunderbarsten Hilfsmittel, die Gott uns geschenkt hat, um zur Ruhe zu kommen – in ihm zu ruhen.[12]

Die Zeit, die Sie gern vertun, ist keine vertane Zeit.
Bertrand Russell

Deshalb fragen wir also: Wie halten Sie den Sabbat? Lassen Sie das Arbeiten, Rasenmähen und das Erledigen des lästigen Papierkrams sein? Wenn ja, gut für Sie. Wenn nicht, dann geht es Ihnen so wie uns. Wenn es bei uns zu Hause Sonntagabend ist, dann spürt man förmlich, wie die Arbeitswoche schon wieder durch die Ritzen kriecht. Wir geben uns aber Mühe, diesen Tag zu heiligen, ihn auszusondern, indem wir ihn anders gestalten als die übrigen Tage der Woche. Wir tun dafür mehr, als nur in den Gottesdienst zu gehen und hinterher gemütlich zu brunchen. Wir machen einen Spaziergang. Wir reden. Wir lesen.

Das ist nicht viel, aber es hat mehr mit Nichtstun zu tun als mit dem, was wir sonst unter der Woche tun. Wir gehen nicht einkaufen, schreiben keine E-Mails, erledigen auch keine Telefonate und zappen nicht durch die Fernsehprogramme. Auch wenn wir zugegebenermaßen nicht immer konsequent sind, versuchen wir dafür zu sorgen, dass der Sonntag im Vergleich mit den anderen Wochentagen etwas Besonderes ist, um dadurch unsere Seele zu regenerieren und aufzufüllen, unseren Geist zu erneuern und an unseren Schöpfer zu denken.

Henri J. Nouwen schreibt in seinem Buch *The Road to Daybreak*: „Ich spüre die innere Anspannung in mir. Mir bleibt nur noch eine begrenzte Anzahl von Jahren … Warum sie nicht gut nutzen? Zeit, die zur inneren Erneuerung genutzt wird, ist nie vertan. Gott ist nicht in Eile." Immer wenn wir das Gefühl haben, nicht produktiv zu sein, wenn wir versucht sind zu denken, dass uns der Sabbat Zeit stiehlt für das, was wir tun könnten, um weiterzukommen, dann versuchen wir an das zu denken, was Nouwen gesagt hat. Innere Erneuerung ist nie vertan.[13]

Ehepaare, die den Sabbat halten, sind in der Minderheit in einer Welt, die sieben Tage die Woche, vierundzwanzig Stunden am Tag den Kommerz unterstützt. Wir wollen Ihnen nichts vormachen. Es erfordert schon Disziplin, Arbeit liegen zu lassen, und zwar egal, ob sie mit dem Beruf zu tun hat oder ob es sich um eine schon lange aufgeschobene Aufgabe zu Hause handelt. Wenn Sie es aber ernst damit meinen, sich gemeinsame Momente für Ihre Ehe zurückzuerobern, dann werden Sie kein größeres Gottesgeschenk dafür finden, als den Sabbat zu heiligen.

Nachgedacht

◎ Wie viel Schlaf bekommen Sie normalerweise pro Nacht? Reicht das aus? Wenn nicht, was würden Sie sein lassen, um den Schlaf zu bekommen, den Ihr Körper braucht? Seien Sie möglichst konkret bei der Beantwortung.

◎ Welche Erholungsaktivität macht Ihnen beiden gemeinsam am meisten Spaß, wenn Sie die nötige Zeit dazu haben? Was unternehmen Sie sonst noch gern miteinander und wie können Sie – möglichst konkret – mehr Zeit dafür schaffen?

◎ Wie sieht bei Ihnen zu Hause der typische Sonntag aus? Tun Sie alles, um daraus eine echte Rüstzeit für Ihre Seele zu machen? Nennen Sie einen konkreten Schritt, den Sie in der nächsten Woche tun könnten, um das zu verbessern.

Zusammenfassung

Und was wäre, wenn man uns sagen würde:
eine Stunde mehr?
Elias Canetti

Auf einem Regal in unserer Garage steht eine große Dose mit dem beliebten Schmieröl „WD-40". Es steht da schon seit Jahren. Jedes Mal, wenn wir den Wagen in die Garage fahren, sehen wir die große blaugelbe Spraydose, deren Inhalt dazu dient, quietschende Dinge zum Schweigen zu bringen. Vor einiger Zeit, als sich das elektrische Garagentor gerade hinter uns schloss, fragte Leslie mich, wofür die Bezeichnung WD-40 eigentlich stünde. Eine interessante Frage. Darüber hatte ich noch nie nachgedacht. Und ich hatte auch absolut keine Ahnung. So weit, so gut.

Aber die Wochen vergingen und immer wenn ich die Spraydose sah, fragte ich mich: *Warum sie es wohl so genannt haben?* Der Name hat ja nun wirklich nichts Eingängiges. Ob sie dabei vielleicht eine Marketingfirma zurate gezogen haben? Steht die 40 vielleicht für die Anzahl der Monate, die es reicht? Und warum WD? Ich sah mir die Dose genauer an, las mir auch all das Kleingedruckte darauf durch. Nichts. Es begann an mir zu nagen. Ich musste unbedingt wissen, was hinter diesem Namen steckte. Ich fragte ein paar Kumpels, aber die hatten alle keine Ahnung. Und außerdem interessierte es sie auch nicht die Bohne. *Wie kann man da nicht neugierig sein?*, fragte ich mich. War ich etwa gerade dabei durchzudrehen wegen einer simplen Dose Schmieröl? Aus welchem Grund auch immer, ich *musste* einfach die Antwort auf die harmlose Frage wissen, die Leslie mir gestellt hatte.

Und dann hatte ich's. Ich musste es im Internet versuchen. Die Suchmaschine, die ich fast täglich für meine Recherchen benutzte, würde mir da ganz sicher weiterhelfen und mich zu einer Antwort führen. Ich googelte also „WD-40" und fand die Homepage der Herstellerfirma. Dort gab es eine köstliche Animation von einer Schmierölspraydose zu sehen, die alles schmiert, von Motoren bis hin zu Schneeschiebern. Dort erfuhr ich auch, dass es die Dose in mehr Größen gibt, als ich es mir je hätte vorstellen können, und dass es sie selbst in der „Profi-Ausführung" gab. Der Hauptsitz der Firma ist in San Diego und das Öl wird in über 160 Ländern vertrieben. Ich erfuhr, dass „Kunden in WD-40 regelrecht verliebt sind". Ja, Kunden sind so verrückt nach WD-40, dass man laut der Homepage der Firma „nur eines tun kann – 2000 begeisterte Benutzer finden und einen offiziellen WD-40-Fanclub gründen!"[1]

Das ist mein Ernst. Es gibt dort einen Button, den man anklicken muss, um sich anzumelden, damit man ein offizielles Mitglied mit Passwort wird und dann einen WD-40-Newsletter erhält. Man kann auch den wöchentlichen so genannten e-Tipp abonnieren. Da bekommt man Woche für Woche einen aktuellen Tipp, was man mit dem Schmieröl sonst noch alles machen kann. Und, das ist jetzt kein Scherz, es gibt auch einen Link, wo man Geschichten über die Benutzung des Produktes schreiben und lesen kann. Wenn einem gefällt, was man dort liest, kann man es mit einem Mausklick „einem Freund mitteilen". Ebenso wie man mit einem Mausklick die Homepage des Schmieröls zur Startseite auf dem eigenen Computer machen kann.

Mir gefällt das Produkt so gut, dass ich eine Dose davon in der Garage stehen habe, aber ich hatte ja keine Ahnung, dass manche Leute – Leute, denen ich im realen Leben nie begegnet bin – in Bezug auf dieses Zeug wirklich fanatisch sind. Ich wollte einfach meine Suche zu Ende bringen und erfahren, wieso die blaugelbe Dose einen so lächerlich nichtssagenden Namen hat.

Trotz all der endlosen Informationen über das Produkt auf dieser Homepage – kein Piep darüber, weshalb es WD-40 heißt.

Nun, meine lange, mühselige Suche kam dann doch noch zum Abschluss, als ich in einem Eisenwarenladen vor Ort in Seattle vorbeischaute. Dort erzählte mir Frank, der schon seit Jahren den Laden führt, dass er jede Woche Dutzende Dosen von dem Zeug verkauft.

„Wissen Sie denn auch, weshalb es ‚WD-40' heißt?", fragte ich ihn ganz ungezwungen und rechnete natürlich damit, dass jetzt ein Schulterzucken folgen würde.

„Klar", antwortete Frank. „Das steht, wenn ich mich nicht irre, für ‚water displacement – also Wasser abweisend'."

„Was?", schrie ich laut auf. „Das ist aber jetzt nicht Ihr Ernst, oder? Und was hat dann die 40 zu bedeuten?'"

„Ganz einfach", antwortete er. „So viele Versuche haben sie gebraucht, um eine wirksame Rezeptur zu entwickeln. Neununddreißigmal hat es nicht richtig geklappt, aber der vierzigste Versuch war dann erfolgreich."

„Wirklich?" Also *das* war nun wirklich interessant. Bei der Suche nach der richtigen Zusammensetzung waren also neununddreißig missglückte Versuche nötig gewesen, bis es schließlich geklappt hatte. Das hieß doch, dass da jemand über eine sehr lange Zeit hartnäckig weiterprobiert und nicht aufgegeben hatte, und das hatte volle Bewunderung verdient. Ich jedenfalls bewundere so etwas. WD-40. *Was für ein toller Name*, dachte ich. Es stellte sich also heraus, dass der Name direkt aus dem Laborbuch stammt, das der Chemiker Norm Larsen damals 1953 bei der Entwicklung des Produkts benutzt hat.

Der Name ist zweifellos rätselhaft, aber wenn man die Geschichte dahinter kennt, steht er für etwas. Und dann fällt es sogar fast schwer, die Geschichte wieder aus dem Kopf zu bekommen.

Jedes Mal, wenn ich jetzt die gelbblaue Dose sehe, denke ich an Norm Larsens Hartnäckigkeit und Ausdauer. Und Leslie auch. Ja, diese Dose Schmieröl ist sogar so etwas wie ein Symbol für unsere Ehe geworden.

Wir wissen, dass es verrückt klingt, aber jede Ehe braucht im übertragenen Sinne eine Dose WD-40 als Erinnerung daran, es immer wieder miteinander zu versuchen. Auch wenn Sie all die

Tipps und Übungen, die wir in diesem Buch beschrieben haben, ausprobiert haben, auch wenn Sie alles getan haben, um sich die gemeinsame Zeit zurückzuholen, die Ihnen in Ihrer Ehe abhanden gekommen ist, wird es gelegentlich wieder Situationen geben, in denen Sie das Gefühl haben, dass Sie sich festgefahren haben und diesem Kreislauf Ihres halsbrecherischen Terminkalenders nicht entrinnen können. Lassen Sie sich von solchen Augenblicken nicht entmutigen. Versuchen Sie es weiter. Geben Sie nicht auf. Ihre gemeinsame Zeit ist zu kostbar, als dass Sie aufgeben könnten. Die Zeit geht weiter, aber wie heißt es doch so schön in dem Lied: „Your Love is never out of date", weil

The World will always welcome lovers
as time goes by.[2]
(dt.: Liebe ist nie altmodisch, weil die Welt im Laufe der Zeit Liebende immer willkommen heißt.)

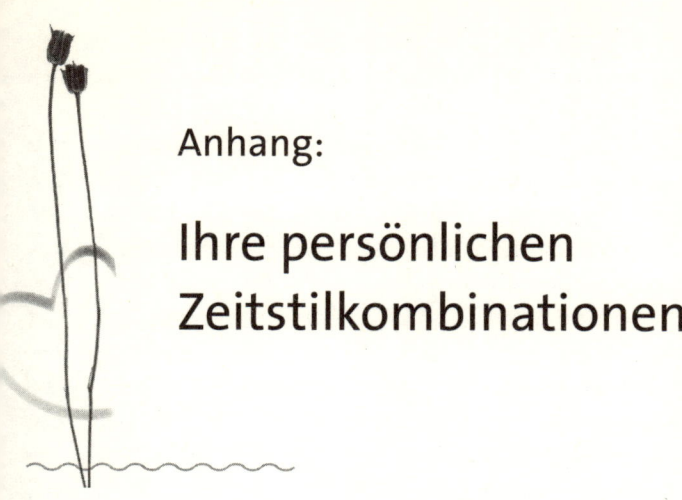

Anhang:

Ihre persönlichen Zeitstilkombinationen

Zur Anwendung dieses Anhangs

In Kapitel 4 haben Sie bereits etwas über Ihren persönlichen Zeitstil erfahren – ob Sie überwiegend ein Sponti sind, ein Träumer, Planer oder Abarbeiter. Ihren eigenen Zeitstil und den Ihres Partners sowie die dynamische Wechselwirkung zwischen Ihren beiden Stilen so genau wie möglich zu kennen, kann Ihnen dabei helfen, aus der Zeit, die Ihnen gemeinsam zur Verfügung steht, so viel wie möglich zu machen.

Unser online *Time Style Marriage Assessment* – der Online-Zeitstil-Ehetest – auf unserer Homepage *www. RealRelationships. com* bietet Ihnen die persönliche Auswertung Ihrer beiden Zeitstile an und gibt Ihnen Hilfestellung, Ihrem Partner und Ihnen Ihren individuellen Zeitstil genauer zuzuordnen. Außerdem soll Ihnen dieser Anhang dabei helfen, die Wechselwirkung zwischen Ihren Stilen besser zu verstehen, und zwar sowohl in den positiven als auch in den negativen Auswirkungen.

Sie finden diesen Test auf zwei Weisen, einmal über unsere Homepage *www.RealRelationships.com* unter der Überschrift „Assessment" und einem Link zu der deutschen Version. Sie können aber auch auf die Homepage unseres deutschen Verlages www.gerth.de gehen. Dort gelangen Sie über die Seite, auf der dieses Buch beschrieben wird, auch zur deutschen Version des Testes.

Dieser Anhang ist nicht dazu gedacht, ihn in einem Rutsch von vorne bis hinten durchzulesen. Gehen Sie stattdessen die folgende Liste der Kategorien durch und suchen Sie die passende Kombination von Ihrem Zeitstil und dem Ihres Partners heraus. Dann gehen Sie weiter zu der Seite, auf der Ihre Kombination beschrieben wird, und lesen den für Sie entsprechenden Abschnitt durch. Ihr Partner kann ebenso vorgehen. Wenn Sie nicht in dieselbe Kategorie fallen (Sie beispielsweise beide Planer sind), werden Sie unterschiedliche Seiten lesen. Wenn Sie sich auf diese Weise mit Ihren beiden Zeitstilen befassen, werden Sie auch erfahren, wie diese beiden sich auf Ihren Umgang miteinander auswirken.

→ Wenn Sie ein Sponti sind, der mit einem Träumer verheiratet ist, lesen Sie weiter auf S. 148

→ Wenn Sie ein Sponti sind, der mit einem Planer verheiratet ist, lesen Sie weiter auf S. 150

→ Wenn Sie ein Sponti sind, der mit einem Abarbeiter verheiratet ist, lesen Sie weiter auf S. 152

→ Wenn Sie ein Sponti sind, der mit einem Sponti verheiratet ist, lesen Sie weiter auf S. 154

→ Wenn Sie ein Träumer sind, der mit einem Sponti verheiratet ist, lesen Sie weiter auf S. 157

→ Wenn Sie ein Träumer sind, der mit einem Planer verheiratet ist, lesen Sie weiter auf S. 159

→ Wenn Sie ein Träumer sind, der mit einem Abarbeiter verheiratet ist, lesen Sie weiter auf S. 161

→ Wenn Sie ein Träumer sind, der mit einem Träumer verheiratet ist, lesen Sie weiter auf S. 163

→ Wenn Sie ein Planer sind, der mit einem Sponti verheiratet ist, lesen Sie weiter auf S. 166

→ Wenn Sie ein Planer sind, der mit einem Abarbeiter verheiratet ist, lesen Sie weiter auf S. 168

→ Wenn Sie ein Planer sind, der mit einem Träumer verheiratet ist, lesen Sie weiter auf S. 170
→ Wenn Sie ein Planer sind, der mit einem Planer verheiratet ist, lesen Sie weiter auf S. 173
→ Wenn Sie ein Abarbeiter sind, der mit einem Sponti verheiratet ist, lesen Sie weiter auf S. 175
→ Wenn Sie ein Abarbeiter sind, der mit einem Träumer verheiratet ist, lesen Sie weiter auf S. 177
→ Wenn Sie ein Abarbeiter sind, der mit einem Planer verheiratet ist, lesen Sie weiter auf S. 180
→ Wenn Sie ein Abarbeiter sind, der mit einem Abarbeiter verheiratet ist, lesen Sie weiter auf S. 182

In welche Kategorie Sie auch immer gehören, wir wünschen Ihnen alles Gute bei der Arbeit, aus Ihrer gemeinsamen Zeit als Ehepaar so viel wie möglich zu machen.

Sie sind ein Sponti und mit einem Träumer verheiratet

Als Mensch, der subjektiv an Zeit herangeht, sind Sie eher unstrukturiert und gehen ohne Plan vor. Dasselbe gilt auch für Ihren Partner. Sie gehen beide experimentierfreudig und ziemlich spontan mit Zeit um. Allerdings richtet sich dabei Ihre Energie in unterschiedliche Richtungen.

Während Sie sich in erster Linie auf die Gegenwart konzentrieren, liegt das Augenmerk Ihres Partners eher auf der Zukunft. Und wie Sie höchstwahrscheinlich bereits aus eigener Erfahrung wissen, führt das manchmal zu Konflikten. Schließlich leben Sie im Hier und Jetzt und Ihr Partner denkt an das, was erst noch kommt, überlegt vielleicht noch, welchen Weg er wählen soll, oder plant vielleicht sogar, es mit einem ganz neuen Weg zu versuchen. Als Träumer klingt bei Ihrem Partner vielleicht die Aussage von Henry David Thoureau nach: „Folge zuversichtlich deinen Träumen. Lebe das Leben, das du dir vorstellst."

Sie als Sponti dagegen würden dieses Zitat wahrscheinlich etwas abändern im Sinne von: „Lass dich vom Augenblick treiben. Lebe das Leben, das jetzt gerade passiert."

Was bedeutet das nun für Sie als Paar für Ihren Umgang mit Zeit? Erstens werden Sie wahrscheinlich kostbare gemeinsame Zeit verlieren, wenn Sie versuchen, Ihren Partner dazu zu bekehren, gegenwartsbezogener zu leben. Sparen Sie sich deshalb lieber Ihren Atem. Ihr Partner ist nun mal zukunftsorientiert „gestrickt". Das bedeutet aber nicht, dass auch Sie so sein müssen. Wenn Sie Ihre Energie mehr auf das Hier und Jetzt richten, dann werden Sie Ihren Partner wahrscheinlich sogar mit sich in die Gegenwart ziehen. Anders ausgedrückt: Druck und Zwang wird Ihnen nicht zu mehr gemeinsamer Zeit verhelfen.

Sie werden auch entdecken, dass sie beide immer, wenn Sie sich an den Träumen Ihres Partners mitbeteiligen, innerlich miteinander verbunden sind. Warum ist das so? Weil dort Ihr Partner lebendig wird. Auch wenn Sie sich von Natur aus nicht in erster Linie auf die Zukunft konzentrieren, werden Sie feststellen, dass Sie beide in den Momenten, in denen Sie trotzdem versuchen, sich ein wenig darauf einzulassen, ganz besonders innig miteinander verbunden sind.

Behalten Sie dabei aber auch im Blick, dass Sie beide es mit der Zeit nicht so supergenau nehmen, denn Sie sind beide eher spontan als planend. Das kann sich zu Ihrem Vorteil auswirken, solange Sie nicht von Ihrem Partner erwarten, etwas auszugleichen, das Sie versäumt haben. Wenn es Ihnen beispielsweise schwerfällt, Termine einzuhalten (zum Beispiel beim Bezahlen von Rechnungen oder dem Fertigstellen eines Projektes), dann trifft das vielleicht auch auf Ihren Partner zu. Für Sie als Paar kann dies bedeuten, dass Sie nicht immer so viel schaffen, wie Sie sich eigentlich vorgenommen hatten – aber das ist für Sie beide wahrscheinlich meistens auch in Ordnung so. Es kann aber durchaus für Sie auch Phasen geben, in denen das frustrierend ist. Vergeuden Sie nicht Ihre Zeit damit, Ihrem Partner dafür die Schuld zu geben. Hinsichtlich Ihres subjektiven Umgangs mit der Zeit sitzen Sie beide im selben Boot.

Sie neigen beide dazu, spontan und relativ planlos vorzugehen, dadurch erleben Sie Ihre schönsten gemeinsamen Zeiten wahrscheinlich eher ungeplant. Das ist etwas Gutes. Sie könnten allerdings auch davon profitieren, ein wenig miteinander zu planen. Betrachten Sie das dann doch einfach nicht als Termin, sondern als hilfreiches Ritual bzw. hilfreiche neue Gewohnheit.

Woran Sie denken sollten

◉ Sie sind möglicherweise frustriert darüber, dass Ihr Partner „immer an morgen denkt". Versuchen Sie, wann immer Sie können und so gut wie möglich, sich in die Träume Ihres Partners einbeziehen zu lassen.

◉ Seien Sie kein Spaßverderber, indem Sie versuchen, Ihrem Partner das Träumen auszureden oder madig zu machen. Sie kommen sicher weiter, wenn Sie behutsam in der Gegenwart leben, als Ihren Partner zu zwingen, es so zu machen wie Sie.

◎ Sie sind beide eher spontan als planvoll. Das bedeutet, dass ein Teil der besten Zeiten, die Sie gemeinsam erleben, auch eher spontan zustande kommen.

◎ Sie könnten davon profitieren, etwas mehr miteinander zu planen, um Ihre gemeinsamen Zeiten besser zu schützen.

Sie sind ein Sponti und mit einem Planer verheiratet

Ihre beiden Zeitstile ergeben zusammen etwas, das auch als Komplementärbeziehung bezeichnet wird. Ihr subjektiver Ansatz hinsichtlich des Phänomens Zeit ergänzt den objektiven Zeitbezug Ihres Partners und umgekehrt. Dasselbe gilt auch hinsichtlich der Ausrichtung Ihrer Energie. Sie sind eher gegenwartsorientiert, und das ergänzt die Zukunftsorientierung Ihres Partners. Sie ergänzen sich also in beiden Dimensionen der Zeit – wie Sie sie erleben und worauf Sie Ihre Energie richten.

Vielleicht würden Sie spontan jetzt lieber von „gegensätzlich" sprechen als von „ergänzend", und damit hätten Sie auch recht. Damit drücken Sie einfach auf eine andere Art und Weise aus, dass Ihre unterschiedlichen Zeitstile für oder gegen Sie arbeiten. Das hängt ganz von Ihrer Einstellung und Ihrem Verständnis ab.

Als Sponti gefällt es Ihnen zum Beispiel manchmal sehr gut, wie Ihr Partner Ihr gemeinsames Leben plant (zum Beispiel die Zeiteinteilung oder die detaillierte Vorbereitung von gemeinsamen schönen Erlebnissen), denn das ist etwas, das Ihnen von Natur aus nicht so besonders liegt. Dann wieder kann es auch sein, dass Sie von seiner ständigen Planerei nur noch genervt sind. Schließlich genießen Sie einen eher lockeren und spontanen Lebensstil. Es kann sogar sein, dass Sie einen Plan in einer Sache als störend empfinden, die sich vielleicht auch auf natürliche Weise hätte entwickeln können. Und genau da liegt der Hase im Pfeffer.

Was können wir als mit einem Planer verheirateter Sponti also tun, um zu erreichen, dass wir mehr Zeit miteinander verbringen, an der auch beide Spaß haben? Als Erstes: Lassen Sie Ihren Partner planen. Das passt Ihnen vielleicht nicht immer, aber so ist Ihr Partner nun einmal „gestrickt". Ihr Partner ist ein Planer und es könnte sehr hilfreich für Sie sein, dies wertzuschätzen und dafür dankbar zu sein. Bestätigen Sie Ihren Partner in seinem objektiveren, eher zukunftsorientierten Stil. Führen Sie sich vor Augen, inwiefern Sie und auch Ihre Beziehung davon profitieren.

Wenn jedoch die Planerei Ihres Partners Ihrer Beziehung tendenziell alle Spontaneität nimmt, scheuen Sie sich nicht davor, für ein bisschen Wirbel zu sorgen, indem Sie seinen Plan hier und da durcheinanderbringen. Erinnern Sie Ihren Partner daran, dass es nicht darum geht, sich sklavisch an einen Plan zu halten, sondern Freude aneinander und am Miteinander zu haben. Setzen Sie Spaß und Humor und nicht Zwang ein, um das zu erreichen.

Denken Sie daran, dass auch Ihr Mangel an Planung Ihren Partner manchmal in den Wahnsinn treiben kann. Zu Ihrem spontanen Zeitstil zu stehen, aber auch dessen Nachteile einzugestehen, wird viel dazu betragen, dass Ihr Partner ihn zu schätzen lernt. Je mehr Sie das eingestehen (indem Sie sich beispielsweise selbst lustig machen über Ihren sorglos lockeren Stil), desto weniger ängstlich und angespannt braucht Ihr Partner wegen Ihrer mangelnden Planung zu sein. Das wird Ihnen beiden helfen, sich irgendwo in der Mitte zu treffen und von beiden Stilen das jeweils Beste zu nutzen.

Woran Sie denken sollten

◉ Es kann sein, dass Sie sich hin und wieder über die pingelige Planerei Ihres Partners ärgern. Wenn Sie jedoch die Tatsache akzeptieren, dass auch der Zeitstil eines Spontis nicht immer besonders angenehm ist, ärgern Sie sich vielleicht nicht ganz so sehr.

◉ Die Ängstlichkeit und Anspannung Ihres Partners lässt vielleicht nach, wenn auch Sie einmal Pläne für die Zukunft machen. Geben Sie außerdem zu, inwiefern sein objektiver Ansatz Ihrer Beziehung nützt und guttut, und äußern Sie Ihre Wertschätzung dafür.

◉ Ihr eher spontaner und planloser Zeitstil kann bei Ihrem Partner genauso viel Ärger auslösen wie sein planvoller Ansatz bei Ihnen. Je mehr Sie Ihrem Partner vermitteln, dass Ihnen das klar ist, desto weniger ist es noch ein Thema.

◉ Ihre Zeitstile können sich entweder gegenseitig ergänzen und Sie einander näherbringen, wenn Sie sie zu schätzen wissen, oder sich trennend auswirken. Sie haben die Wahl.

Sie sind ein Sponti und mit einem Abarbeiter verheiratet

Weil Sie dazu neigen, Zeit subjektiv zu erleben, sind Sie spontaner und unstrukturierter als Ihr Partner. Wie Ihnen wahrscheinlich ohnehin bewusst ist, kann das gelegentlich zu Reibereien führen. Aber zumindest ist Ihnen beiden gemeinsam, dass Sie Ihre Energie eher auf die Gegenwart als auf die Zukunft konzentrieren.

Ihr als Sponti lockerer und unbekümmerter Umgang mit der Zeit kann Ihrem Partner ein absolutes Rätsel sein. Vielleicht staunt er nur über Ihre entspannte Einstellung, vielleicht ärgert er sich aber auch permanent darüber. Wie auch immer, wahrscheinlich kann Ihr Partner Ihren Zeitstil manchmal genauso schwer nachvollziehen wie Sie seinen. Ihr Partner als Abarbeiter hat es schließlich gern, wenn alles in geregelten Bahnen verläuft. Während Sie mit vielen losen Enden wunderbar leben können, ist es für Ihren Partner von entscheidender Wichtigkeit, Dinge zu Ende zu bringen und dann abzuhaken. Während Sie Ihr Tempo hin und wieder ändern, und damit auch Ihre Stimmung, hat es Ihr Partner gern gleichmäßig und gemäßigt. Während Sie aus der Hüfte schießen, zieht es Ihr Partner vor, erst sorgfältig zu zielen.

Wie wirkt sich das alles jetzt auf Ihre Beziehung aus und wie können Sie es zu Ihrem Vorteil nutzen? Als Erstes: Sie gewinnen viel, wenn Sie die „geregelten Bahnen" Ihres Partners schätzen lernen. Sicher, sie können einen schon in den Wahnsinn treiben, aber die festen Abläufe bei unterschiedlichen Tätigkeiten haben ihre Gründe – zumindest für den Partner. Finden Sie deshalb diese Gründe heraus. Ihnen kommen Sie vielleicht sinnlos vor, aber versuchen Sie es doch einmal mit dem „Das ist aber interessant"-Ansatz. Vielleicht verstehen Sie ja dann besser, wie Ihr Partner tickt. Hüten Sie sich vor einer Haltung der Verurteilung und versuchen Sie stattdessen einfach zu verstehen.

Hilfreich ist außerdem, sich in Ihren Partner hineinzuversetzen. Wenn die Rollen umgekehrt wären und Sie in der Beziehung der Abarbeiter, wie würde es Ihnen damit gehen, mit einem planlosen bis chaotischen Sponti verheiratet zu sein? Was würde Ihnen dabei gelegentlich gegen den Strich gehen? Wenn Sie darüber mit Ihrem Partner reden können, dann werden Sie feststellen, dass Ihr gegenseitiges Verständnis und der Respekt vor Ihren unterschiedlichen Stilen wächst.

Wenn Sie den eher objektiven Ansatz Ihres Partners hinsichtlich von Zeit besser verstehen, könnte der nächste Schritt sein, dessen Wert anzuerkennen. Erkennen Sie, was der Zeitstil Ihres Partners für Ihre Beziehung bedeutet. Vielleicht stellen Sie dann fest, dass Ihre Beziehung längst nicht so stabil wäre, wenn Ihr Partner kein Abarbeiter wäre.

Sie könnten beide davon profitieren, auch die Zukunft ein wenig im Blick zu haben. Da Sie beide einen großen Teil Ihrer Energie auf die Gegenwart konzentrieren, verpassen Sie vielleicht gute Chancen, sich gemeinsame Zeit zurückzuerobern, indem Sie träumen und planen, was noch vor Ihnen liegt. Anders ausgedrückt, Ihre Beziehung würde wahrscheinlich noch besser werden, wenn Sie ein bisschen bewusster Ihre Zukunft vorskizzieren würden. Wo wären Sie gern in einem Jahr? Was möchten Sie bis dahin noch gemeinsam erlebt oder erreicht haben? Weil Sie beide stark im Hier und Jetzt verhaftet sind, können Sie sich mit dieser Aufgabe gegenseitig helfen und in den Genuss einer ganz neuen Dimension auf Ihrem gemeinsamen Weg gelangen.

Woran Sie denken sollten

◎ Wenn die „geregelten Abläufe" Ihres Partners Ihnen auf die Nerven gehen, dann vergessen Sie nicht, dass sie auch positive Auswirkungen auf Ihre Beziehung haben. Je mehr Sie sich auf dieses Positive konzentrieren, desto mehr wird der Ärger weichen.

◎ Bestätigen Sie den Partner in seinem Stil. Bringen Sie Ihre Wertschätzung für seinen eher objektiven Zeitstil zum Ausdruck und sagen Sie ihm, dass er sich positiv auf Ihre Beziehung auswirkt.

◎ Stellen Sie sich Ihren eigenen Macken. Lassen Sie Ihren Partner wissen, dass Ihnen Ihr spontaner, planloser Zeitstil bewusst ist und dass Sie sein gelegentliches Unverständnis und auch seinen Unwillen darüber verstehen.

◎ Durch Ihre Zeitstile leben Sie beide sehr im Hier und Jetzt. Vernachlässigen Sie nicht Ihre Zukunftsplanung. Lassen Sie nicht den Wert gemeinsamen Träumens außer Acht.

Sie sind ein Sponti und mit einem Sponti verheiratet

Sie sitzen beide in demselben sprichwörtlichen Boot. Jeder von Ihnen konzentriert seine Energie auf die Gegenwart und Sie beide erleben Zeit subjektiv. Als zwei gleich gesinnte Spontis sind Sie also in dieselbe Richtung unterweg und es ist eine ruhige Fahrt, oder? Na ja, nicht so ganz.

Wenn zwei Spontis miteinander verheiratet sind, dann genießen sie einen locker leichten, relativ ungeplanten und spontanen Lebensstil. Sie brauchen in Ihrer Beziehung nicht unbedingt einen Terminkalender und manchmal können Sie einfach Ihre Armbanduhr nicht finden. Beide können sich deshalb regelrecht in der Zeit verlieren. Sie orientieren sich eher daran, wie es sich anfühlt, als daran, welche Uhrzeit gerade ist. Ihnen geht es beiden auch ohne Plan und feste Strukturen gut. Die Zukunft ist Ihnen zwar nicht völlig egal, aber sie ist auch nicht annähernd so wichtig für Sie wie die Gegenwart. Sie machen zwar Pläne, aber Ihr Augenmerk liegt auf jeden Fall eher darauf, was gerade hier und jetzt passiert.

Ob es Ihnen klar ist oder nicht, verglichen mit anderen Paaren sind Sie einzigartig. Die Zukunft, so denken Sie, wird schon für sich selbst sorgen. Warum sich schon jetzt Sorgen darüber machen? Albert Einstein hat gesagt: „Ich mache mir nie Sorgen über die Zukunft, sie kommt auch so früh genug." Sie empfinden das beide so, und das ist gut für Sie. Das einzige Problem besteht darin, dass zwei Spontis manchmal plötzlich bewusst wird, dass die Zukunft früher anklopft, als sie gedacht haben. Das kann in Form unbezahlter Rechnungen geschehen, nicht abgeschlossener Projekte oder verpasster Chancen.

Das ist eben der Preis fürs Reisen mit leichtem Gepäck. Ihr Mangel an Planung als Paar kann Ihnen aber vielleicht auch zum Verhängnis werden. Ihre Probleme dadurch können relativ geringfügig, aber auch richtig heftig sein, je nachdem, wie stark ausgeprägt Ihr Spontistil ist.

Festzuhalten bleibt, dass Sie beide von ein bisschen mehr Planung durchaus profitieren könnten. Ihre Finanzen können dabei ein gutes Barometer sein. Wenn Sie auf diesem Gebiet keine Last und keinen Druck empfinden, dann haben Sie wahrscheinlich gelernt, mit Ihrem Spontistil zu leben. Wenn Sie aber bis zum Hals in Schulden stecken, dann ist das ein ziemlich guter Indikator dafür, dass Ihr gegenwartsorientierter Zeitstil ein wenig Hilfestellung gebrauchen könnte, und zwar wahrscheinlich nicht nur in Form eines Finanzberaters (die sind von Natur aus Planer und Abarbeiter), sondern darüber hinaus auch noch in Form eines anderen Ehepaares an Ihrer Seite, das Sie dabei berät, Ihren Ehekurs ein wenig bewusster festzulegen.

Anders ausgedrückt, ein Mentorenehepaar könnte Ihnen dabei helfen, etwas mehr Struktur in Ihre Beziehung und damit in Ihren Lebensalltag zu bringen und dadurch dafür zu sorgen, dass Sie für Ihre Beziehung so viel Zeit bekommen, wie sie benötigt und verdient hat. Vielleicht können solche Mentoren Ihnen auch dabei helfen, eine Art „Haushaltsplan" für Ihre gemeinsame Zeit aufzustellen.

Übrigens sind Sie beide sicher dazu begabt, das Leben voll auszukosten, sodass wahrscheinlich auch Sie wiederum Mentoren für andere Paare sein könnten, die etwas von dem brauchen, was Sie bereits haben – besonders für Paare, bei denen beide Planer sind! Festzuhalten bleibt, dass Sie mit Ihrem gemeinsamen Zeitstil etwas ganz Wunderbares haben. Solange Sie Ihre Zeit kontrollieren, statt sich von ihr kontrollieren zu lassen, wird es in Ihrer Beziehung wundervolle Augenblicke ungeplanter Überraschungen und glücklicher Zufälle geben.

Woran Sie denken sollten

◎ Freuen Sie sich an dieser Spontaneität, die Sie gemeinsam haben und die Sie beide mit in Ihre Ehe bringen. Das ist ein Geschenk, das man wirklich genießen sollte.

◎ Wenn Ihr gemeinsamer Zeitstil verhindert, dass Sie konstruktive Pläne machen können, weil Sie betriebsblind geworden sind, dann überlegen Sie, was Sie tun können, um gemeinsam etwas objektiver und zukunftsorientierter zu werden.

◎ Welche losen Enden müssen Sie beide aufrollen und zu Ende bringen? Zwei Spontis können ziemlich lange gut zurechtkommen, ohne dieses wichtige Thema in den Blick zu bekommen und in Angriff zu nehmen.

◎ Überlegen Sie, wie ein eher zukunftsorientiertes und objektiveres Ehepaar Sie beraten könnte. Was könnten Sie von ihnen lernen und umgekehrt?

Sie sind ein Träumer und mit einem Sponti verheiratet

Sie und Ihr Partner erleben Zeit subjektiv. Das bedeutet, dass Sie beide eher unstrukturiert als nach Plan leben. Einerseits neigen Sie deshalb also beide eher zur Spontaneität als zu planvollem Vorgehen und festen Strukturen. Sie sind nicht gern auf einen Zeitplan festgelegt, weil der Ihnen das Gefühl gibt, in einem zu engen Korsett zu stecken. Andererseits richtet sich Ihre Energie aber oft nicht unbedingt in dieselbe Richtung. Während Sie eher die Zukunft im Blick haben, denkt Ihr Partner mehr ans Hier und Jetzt.

Wie wirkt sich das nun auf Ihre Beziehung und Ihre gemeinsame Zeit aus?

Als Erstes: Vielleicht fühlen Sie sich manchmal so, als würde Ihr Partner Ihnen die Flügel stutzen. Schließlich versuchen Sie doch, ein spannendes und besseres Morgen zu gestalten, indem Sie von Möglichkeiten, sich künftig noch höher emporzuschwingen, planen und träumen. Vielleicht nehmen Sie den Umstand, dass Ihr Partner gegenwartsorientiert ist, automatisch so wahr, dass er Sie ausbremst und zurückhält. Das kann zutreffen, vielleicht aber auch nicht – im Allgemeinen wohl eher nicht. Es ist einfach sein Versuch, Ihnen dabei zu helfen, im Hier und Jetzt zu leben, während Sie vom Morgen träumen. Nehmen Sie es also nicht persönlich. Sehen Sie vielmehr den Wert dessen, was Ihr Partner für Sie tut. Er sorgt nämlich dafür, dass Sie nicht die Bodenhaftung verlieren, während Sie nach den Sternen greifen.

Weil Sie beide eher unstrukturiert und ohne festen Plan leben, könnte Ihre Beziehung von ein wenig mehr Planung durchaus profitieren. Das heißt nicht, dass Sie sich einem detaillierten Plan unterwerfen sollen, sondern es soll Sie nur daran erinnern, dass Sie von ein wenig objektivem Einfluss durchaus profitieren könnten, weil Sie beide aus demselben subjektiven Lager kommen. Wenn Sie beispielsweise große Pläne haben, die unter anderem beinhalten, dass Ihre Familie umziehen muss, dann finden Sie das vielleicht beide positiv spannend, aber so ein Plan kann dann auch leicht im Sande verlaufen, wenn er nicht konkretisiert wird.

Und Ihr Spontiehepartner kann nur ein gewisses Maß an spannenden, aber im Sande verlaufenen Träumen verkraften.

Wenn Sie beispielsweise von einem Urlaub träumen und mit Ihrem Ehepartner über diesen Traum sprechen, dann kann er Ihre Begeisterung vielleicht nur zögerlich teilen, wenn es in Ihrer Beziehung schon oft vorgekommen ist, dass Sie zwar schöne Träume hatten, diese aber nie umgesetzt wurden. Klar kann man sich für einen Karibikurlaub begeistern, aber interessant wird es doch erst, wenn man versucht, ihn in Form eines Zeit- und Kostenplans auch praktisch umzusetzen.

Überlegen Sie also, wie Sie Ihre Träume wahr werden lassen können – besonders wenn Ihr Ehepartner manchmal verstört reagiert auf Reden, dem kein Handeln folgt. Wenn Sie andererseits der Typ Träumer sind, der von einem Traum zum nächsten springt, dann sollten Sie auch anerkennen, wie sehr das Ihren Partner herunterziehen kann. Er ist einfach nicht für ein Leben in der Zukunft „gestrickt". Sorgen Sie deshalb immer wieder für Momente, in denen Sie ganz da sind und sich völlig einlassen auf das, was hier und jetzt stattfindet. Je mehr Sie das Ihrem Partner zuliebe tun, desto größer ist die Wahrscheinlichkeit, dass sich Ihr Partner auch an Ihren Träumen beteiligt.

Woran Sie denken sollten

◎ Nehmen Sie es nicht persönlich, wenn Sie das Gefühl haben, dass Ihr Partner Sie von Ihren Träumen abhält. Das hat wahrscheinlich eher etwas mit Ihrer Wahrnehmung zu tun als mit der Realität.

◎ Denken Sie daran, dass Ihr Partner eher für die Gegenwart als für die Zukunft „gestrickt" ist. Nutzen Sie deshalb seine Neigung, mit beiden Beinen auf dem Boden zu bleiben.

◎ Überlegen Sie sich Möglichkeiten, etwas mehr Planung in Ihre Beziehung zu bringen. Das wird Ihnen dabei helfen, Ihre Träume auch umzusetzen.

◉ Bestätigen Sie Ihren Partner in seiner Gabe, gegenwartsorientiert leben zu können. Das kann Ihren Fokus auf die Zukunft etwas ausgleichen, wenn Sie sich in Träumen verlieren.

Sie sind ein Träumer und mit einem Planer verheiratet

„Die beste Methode, die Zukunft vorherzusagen", sagt der berühmte Informatiker Alan Kay, „besteht darin, sie zu erfinden." Dieser Satz könnte auch von Ihnen stammen. Als Paar sind Sie gemeinsam auf die Zukunft ausgerichtet, und das kann ein toller Aktivposten sein. Sie sind dabei allerdings planloser in Bezug auf Ihre Zukunft als Ihr Partner. Er betrachtet Zeit nämlich eher objektiv und Sie eher subjektiv. Und genau an dieser Stelle kommt es zwischen Ihnen und Ihren beiden Zeitstilen wahrscheinlich manchmal zu Reibungen.

Um mehr aus Ihrer gemeinsamen Zeit herauszuholen, sollten Sie sich bewusst machen, dass Ihr Träumen Ihren Partner manchmal ärgern kann. Warum ist das so? Weil er Ihre Träumerei vielleicht manchmal für unnütz, weil nicht umsetzbar hält. Schließlich sind Sie nicht annähernd so objektiv und strukturiert wie er. Sie setzen Ihre Energie ein, um sich ein Szenario oder ein Projekt in der Zukunft herbeizuträumen, ohne viele Gedanken darauf zu verschwenden, ob es überhaupt realisierbar ist. Zumindest sieht das Ihr Partner so. Der erste Schritt, dieses Problem abzubauen, besteht darin, es zur Kenntnis zu nehmen. Geben Sie zu, dass Ihr Stil nicht so konkret ist wie der Ihres Partners. Nehmen Sie sich sogar hin und wieder einmal selbst auf die Schippe, um dem anderen zu signalisieren, dass Ihnen klar ist, wie schwierig oder anstrengend es manchmal sein muss, mit Ihnen zu leben.

Als Nächstes erkennen Sie den unermesslichen Wert an, den Ihr objektiverer Partner mit in die Beziehung bringt. Wie Ihnen wahrscheinlich ohnehin schon bewusst sein wird, ist es oft der Planer, der den Traum des Träumers erst realisierbar macht. Das ist eine hervorragende Ergänzung zu Ihrem Zeitstil, und das können Sie dem anderen auch ruhig einmal sagen. Bestätigen Sie Ihren Partner in seinem Stil und äußern Sie auch Ihre Wertschätzung. Vielleicht können Sie Ihrem Partner einmal sagen, inwiefern und wann er die Realisierung Ihrer Träume ermöglicht hat.

Wahrscheinlich könnten Sie beide davon profitieren, hin und wieder ein bisschen mehr von Ihrer Energie für das Hier und Jetzt einzusetzen. Es wird für Sie, mehr als für andere Ehepaare, eine Versuchung sein, für das „Irgendwann" zu leben und dadurch immer wieder das „Heute" zu verpassen. Lassen Sie das nicht zu. Ihre Ehe findet nämlich jetzt statt. Richten Sie Ihre Aufmerksamkeit auf das, was heute zwischen Ihnen geschieht. Gehen Sie das ganz bewusst an. Überlegen Sie, wie Sie aus diesem Augenblick jetzt möglichst viel machen können, statt ihn kurzzuschließen, indem Sie ihn nur dazu benutzen, um darüber zu reden, was irgendwann einmal sein wird.

Ein Beispiel: Sie genießen beide einen wunderschönen gemeinsamen Augenblick bei einem Essen und Sie brechen ihn abrupt ab, weil Sie gerade eine „tolle Idee" haben, für die Sie unbedingt sofort im Internet recherchieren müssen. Langsam! Immer locker bleiben und den Augenblick ein bisschen mehr auskosten. Sie brauchen nicht die Gegenwart zu opfern, um die Zukunft so gut wie möglich nutzen zu können. Das verlangt Ihnen beiden ein bisschen Disziplin ab, aber es wird Ihnen ganz sicher auch dabei helfen, sich gemeinsame Augenblicke zurückzuholen und daraus so viel wie möglich zu machen, statt sich zu stark auf das zu konzentrieren, was irgendwann einmal sein könnte.

Woran Sie denken sollten

◎ Geben Sie zu, dass die Tatsache, mit einem Träumer zu leben, manchmal eine echte Herausforderung sein kann. Lassen Sie Ihren Partner wissen, dass Ihnen das klar ist.

◎ Bestätigen Sie Ihren Partner in seiner Objektivität. Sagen Sie ihm deutlich, wie kostbar dieser Aspekt für Sie und auch für Ihre gemeinsame Beziehung ist.

- Überlegen Sie, wie Sie in Ihren Gesprächen und in gemeinsam verbrachter Zeit noch mehr präsent sein können. Kosten Sie gemeinsame Momente ganz aus, auch wenn die Versuchung groß ist, sie abzukürzen oder sogar abzubrechen.

- Klinken Sie sich ein in die Fähigkeit Ihres Partners, Ihnen bei der Realisierung Ihrer Träume zu helfen. Missverstehen Sie seine praktische Art nicht als Miesmachen Ihrer Träume. Das ist es nämlich nicht. Es ist nur eine Möglichkeit, dafür zu sorgen, dass sie realisiert werden.

Sie sind ein Träumer und mit einem Abarbeiter verheiratet

Auch bei Ihren beiden Zeitstilen könnte man von einer sich ergänzenden Beziehung sprechen. Ihr subjektiver Ansatz in Bezug auf das Phänomen Zeit ergänzt das objektive Erleben Ihres Partners und umgekehrt. Dasselbe gilt auch für die Richtung, in die Ihre Energie gerichtet ist. Sie sind zukunftsorientiert und ergänzen dadurch den gegenwartsorientierten Partner. Sie ergänzen sich demnach also in beiden Dimensionen der Zeit – wie Sie sie erleben – und worauf Sie Ihre Energie konzentrieren.

Natürlich sind Sie jetzt versucht, „gegensätzlich" zu sagen statt „ergänzend", und damit hätten Sie sogar recht. Es ist eine andere Art zu äußern, dass die Unterschiedlichkeit Ihrer beiden verschiedenen Stile entweder für oder gegen Sie arbeiten kann. Das hängt ganz von Ihrer Einstellung und Ihrem Verständnis ab.

Sie können in Ihrer Beziehung in dem Augenblick weiterkommen, wenn Sie zugeben, dass Ihre Zukunftsorientiertheit Ihrem Partner manchmal übermächtig vorkommen kann. Anders ausgedrückt, Ihre Träume und Pläne für die Zukunft können Ihrem abarbeitenden Partner völlig fremd sein. Und durch Ihre Träume fühlt er sich vielleicht auch hin und wieder richtig überfordert. Schließlich bedeutet Zeit für einen Abarbeiter Gegenwart und das, was gerade in diesem Augenblick bei ihm „auf der Aufgabenliste" steht. Ihre Träume bringen diesen Plan durcheinander oder ignorieren ihn sogar völlig. Hinzu kommt noch, dass Ihr Träumen die Gegenwart weitgehend außer Acht lässt, weil es sich in der Zukunft abspielt.

All das bedeutet, dass Ihr Stil als Träumer für einen Abarbeiter ziemlich anstrengend sein kann. Geben Sie also gut Acht. Tun Sie alles in Ihrer Macht Stehende, um für diese Tatsache sensibel zu bleiben. Gestehen Sie Ihre Art mit Ihren manchmal nervigen Auswirkungen ein und machen Sie sich hin und wieder auch mal selbst darüber lustig, wenn Sie können. Dadurch wird Ihrem Partner signalisiert, dass Sie sich in seine Lage hineinversetzen können und ihn im Blick haben.

Außerdem tun Sie alles, was in Ihrer Macht steht, um den Zeitstil Ihres Partners anzuerkennen und zu bestätigen. Wahrscheinlich tun Sie das nicht so oft und so intensiv, wie Sie meinen, denn der Ansatz des Abarbeiters kommt Ihnen schließlich nicht immer besonders sinnvoll vor. Und Ihr Wunsch, spontan zu sein, kann dem Partner schon das Gefühl vermitteln, kritisiert oder sogar ausgenutzt zu werden. Vielleicht fühlt er sich im Umgang mit Ihnen oft wie der sprichwörtliche Spielverderber, und das kann für einen Abarbeiter ziemlich einschüchternd sein. Strengen Sie sich also ruhig ein bisschen an, um den Wert zu bestätigen, den die Art und der Stil Ihres Partners für Ihre gemeinsame Zeit hat. Bedanken Sie sich für das Geschenk der Struktur und Ordnung, das dank Ihres Partners in Ihrem Leben existiert. Das ist bestimmt hilfreich, damit Sie sich beide in Ihren Zeitstilen ergänzen können.

Arbeiten Sie außerdem an sich, um mit Ihrer Zeit ein bisschen flexibler zu werden. Anders ausgedrückt, versuchen Sie häufiger, das Hier und Jetzt ganz auszukosten. Ihre Zukunftsträume können wunderschöne Augenblicke verkürzen oder sogar vorzeitig abbrechen, die Ihr Partner im Hier und Jetzt genießt. Dasselbe gilt, wenn es darum geht, ein wenig objektiver zu sein. Respektieren Sie den Plan Ihres Partners. Machen Sie sich klar, dass er dadurch genauso viel Sicherheit bekommt wie Sie Aufregung und Spannung.

Woran Sie denken sollten

◎ Geben Sie zu, dass es manchmal eine echte Herausforderung ist, mit einem Träumer zu leben. Teilen Sie Ihrem Partner mit, dass Sie das anerkennen, und versuchen Sie, in Ihren Gesprächen bei der Sache zu sein.

◎ Geben Sie Ihrem Partner regelmäßig Bestätigung für seinen eher objektiven Zeitstil. Vermitteln Sie ihm, wie wertvoll das für Sie und Ihre gemeinsame Beziehung ist.

◎ Kosten Sie Momente aus, in denen Sie vielleicht versucht sind, sie abzubrechen oder zu verkürzen. Nur weil diese Zeit Sie Ihrem derzeitigen Traum nicht näherbringt, bedeutet das noch lange nicht, dass sie nicht wertvoll ist.

◎ Ihre Stile können sich entweder gegenseitig ergänzen und Sie einander näherbringen, weil Sie sie wertschätzen, oder sie können Sie auseinanderbringen. Sie haben die Wahl.

Sie sind ein Träumer und mit einem Träumer verheiratet

Malcolm Forbes, der erfolgreiche Herausgeber des gleichnamigen Wirtschaftsmagazins, hat einmal gesagt: „Wenn man aufhört zu träumen, hört man auf zu leben." Wenn das stimmt, dann haben Sie beide als Paar ein langes Leben vor sich. Durch Ihren gemeinsamen Zeitstil bekommen Sie nämlich eine doppelte Dosis an Träumen.

Als zwei Träumer planen Sie beide weniger und sind nicht besonders strukturiert. Dabei liegt Ihr Augenmerk eher auf der Zukunft. Das heißt, Sie sind beide so „gestrickt", dass Sie möglicherweise die Gegenwart für die Zukunft opfern. Und das ist Ihre größte Herausforderung im Umgang mit Ihrer gemeinsamen Zeit und bei der Arbeit an einer tieferen Verbindung.

Ihre Beziehung besteht aus dem, was Sie heute haben – jetzt, in diesem Moment. Und bei einem Träumer wird dieses Jetzt oft für ein besseres Morgen aufs Spiel gesetzt. Das ist auch völlig in Ordnung, solange es maßvoll geschieht. Doch eine Ehe kann nicht ausschließlich von dem aufrechterhalten werden, was vielleicht eines Tages sein wird. Irgendwann werden Sie im Hier und Jetzt leben müssen. Natürlich tun Sie das auch jetzt schon, aber nicht so intensiv wie die meisten anderen Paare. Für Sie als zwei Träumer besteht die größte Versuchung im Hinblick auf Zeit darin, ganz und gar auf das zu bauen, was künftig sein wird. Denken Sie daran, dass es nicht nur darum geht, einen Traum zu verwirklichen, sondern auch in dem Prozess der Verwirklichung miteinander in Verbindung zu bleiben. Das hat der irische Schriftsteller Brendan Francis gemeint, als er sagte: „Die Aussicht, unseren Lieblingstraum zu realisieren, ist nicht ohne Schrecken. Wer sonst ist so schwach und allein wie jemand, der seinen Traum verwirklicht hat?"

Entscheidend ist, dass zwei Träumer besonders darauf achten müssen, im Hier und Jetzt miteinander in Verbindung zu bleiben. Das ist alles. Und das kann auch gelingen. Beginnen Sie damit, indem Sie die Augenblicke voll auskosten, die genau jetzt geschehen. Heute. Nehmen Sie als Beispiel dafür Ihr Abendessen. Weil keiner von Ihnen es so sehr mit dem Planen hat, kann es sein, dass Sie jeden Abend zu einer anderen Zeit essen. Gut. Das kann aber auch bedeuten, dass Sie nicht jeden Abend gemeinsam essen. Nicht so gut. Planen Sie – wenn nötig auch in Ihrem Terminkalender –, wann immer Sie können, ein gemeinsames Abendessen ein. Und lassen Sie sich Zeit dabei. Für Träumer ist das nicht immer einfach. Aber leben Sie diesen Moment der Verbundenheit ganz bewusst, bevor Sie wieder Gas geben und einen Gang höher schalten.

Denken Sie außerdem daran, dass der Niedergang so manch guten Träumers darin besteht, dass er es versäumt, dem Träumen Taten folgen zu lassen. Manche Träumer sind berüchtigt dafür, nur große Töne zu spucken und denen dann nichts folgen zu lassen. Sie bleiben nicht am Ball, setzen sich nicht ganz konkret und praktisch für das ein, was Sie sich vorstellen. Und weil Sie beide auf demselben Traumschiff sitzen, haben Sie auch keinen Partner, der Ihnen dabei hilft und einen Plan gezielt umsetzt. Sie haben keinen Sponti oder Abarbeiter in Ihrer Beziehung, der dafür sorgt, dass Sie in der Gegenwart verankert bleiben. Das bedeutet, dass Sie beide sich besonders darum kümmern müssen, einen konkreten Plan auszuarbeiten, wie Sie Ihre wichtigen Träume umsetzen wollen.

Und ein Letztes: Machen Sie sich klar, was für ein besonderes Geschenk es ist, diesen spannenden Zeitstil gemeinsam zu haben. Es gibt nicht viele solcher Paarungen. Träumer sind meistens mit einem Partner verheiratet, der einen anderen Zeitstil hat. Seien Sie also dankbar für diese Kombination und freuen Sie sich darüber.

Woran Sie denken sollten

◉ Denken Sie daran, dass Sie beide so „gestrickt" sind, dass Sie grundsätzlich bereit sind, die Gegenwart für irgendeinen in der Zukunft winkenden Lohn zu opfern. Wenn Sie nicht aufpassen, kann das bei Ihnen die Oberhand gewinnen.

◉ Kosten Sie Ihre gemeinsame Zeit aus. Achten Sie gut auf das Hier und Jetzt. Lassen Sie sich die Gegenwart nicht von der Zukunft rauben.

◉ Überlegen Sie, was Sie beide konkret unternehmen müssen, um Ihre gemeinsamen Träume zu verwirklichen. Reden Sie nicht nur, sondern tun Sie auch etwas.

◉ Feiern Sie Ihren gemeinsamen Zeitstil. Es ist eine seltene Kombination und eine, die Sie weit bringen kann, wenn Sie sich die Erfahrungen Ihrer Träume gegenseitig mitteilen.

Sie sind ein Planer und mit einem Sponti verheiratet

Bei Ihnen könnte man auch von einer ergänzenden Kombination sprechen. Ihr objektiver Ansatz im Umgang mit Zeit ergänzt den subjektiven Ansatz Ihres Partners und umgekehrt. Dasselbe gilt für die Ausrichtung Ihrer Energie. Sie sind eher zukunftsorientiert und ergänzen dadurch Ihren gegenwartsorientierten Partner. In beiden Zeitdimensionen – wie Sie Zeit erleben und worauf Sie Ihre Energie konzentrieren – ergänzen Sie sich also.

Es kann natürlich sein, dass Sie hier lieber von „gegensätzlich" reden würden als von „ergänzend", und da haben Sie auch völlig recht. Es ist nur eine andere Art zu sagen, dass Ihre beiden unterschiedlichen Zeitstile entweder für oder gegen Sie arbeiten können. Das hängt ganz von Ihrer Einstellung und Ihrem Verständnis ab.

Als Planer können Sie sich gemeinsame Zeit zurückholen, die Ihnen zurzeit fehlt, indem Sie hin und wieder mit dem Planen einmal Pause machen. Dieser Rat kommt Ihnen vielleicht ziemlich simpel vor, aber er ist dennoch richtig. Planer sind ständig motiviert durch das, was als Nächstes an der Reihe ist. Das heißt, dass Sie viel Arbeit schaffen. Es bedeutet aber auch, dass Sie jede Menge Chancen verstreichen lassen, miteinander in Kontakt zu treten. Deshalb ist hinsichtlich der Stabilisierung der Verbindung zu Ihrem Partner schon viel erreicht, wenn Sie Ihr Planen und Ihre schwere Arbeit öfter einmal unterbrechen. Zugegeben, das ist nicht immer einfach für einen Menschen, der so „gestrickt" ist wie Sie, aber Sie schaffen das. Sie müssen es nur einplanen! Sie müssen Zeit einplanen, in der Sie nicht planen, und diese gemeinsame Zeit mit dem Partner einfach auskosten und genießen.

Ein weiterer Punkt: Beobachten Sie einmal, wie Sie oft bei sich selbst für Frust sorgen: Weil Ihr Partner ein Sponti ist, genießt er die Freiheit, gelegentlich ohne Struktur und Plan zu leben. Er ist gern spontan. Und ehrlich gesagt, können Sie sich auch ganz gut treiben lassen, wenn Sie sich nur einmal dafür entscheiden. Es muss nur einfach ein Teil Ihres Planes sein.

Wie können Sie nun also mit einem solchen Frust umgehen?

Indem Sie sich selbst auf die Schippe nehmen. Denn eigentlich hat es ja etwas wirklich Komisches, seine Spontaneität einplanen zu müssen. Aber es ist völlig in Ordnung. Geben Sie nur einfach zu, dass Sie eben so ticken, und amüsieren Sie sich dann darüber. Das trägt mit Sicherheit dazu bei, dass Ihr Partner sich besser verstanden und wertgeschätzt fühlt.

Und wo wir gerade dabei sind, es ist unbedingt erforderlich, dass Sie Ihren Partner in seinem Spontistil bestätigen. Erkennen Sie an, wie wertvoll das für Sie als Planer ist. Teilen Sie dem anderen mit, wie wichtig und kostbar es für Sie ist, dass Sie dadurch viel mehr und viel intensiver in der Gegenwart leben können. Zeigen Sie ihm, wie sehr er Ihnen hilft zu entspannen. Tatsache ist, dass Ihr Spontiehepartner Ihnen durch sein eher ungeplantes Lebenstempo wahrscheinlich zu einem längeren Leben verhilft.

Woran Sie denken sollten

◎ Machen Sie eine Pause im Planen, wann immer das möglich ist. Sie müssen sich ganz bewusst dazu zwingen, sich nicht nur auf die Zukunft zu konzentrieren. Integrieren Sie solche Pausen in Ihre Planung.

◎ Betrachten Sie es mit Humor und einer Prise Selbstironie, dass Sie Ihre Spontaneität einplanen müssen. Je leichter es Ihnen fällt, sich über sich selbst lustig zu machen, desto schneller sind Sie sich innerlich näher.

◎ Machen Sie Ihrem Partner Komplimente für seinen Zeitstil und bestätigen Sie ihn darin. Äußern Sie konkret, inwiefern der Stil Ihres subjektiven und gegenwartsorientierten Partners Ihrer Beziehung guttut.

◎ Ihre unterschiedlichen Stile können sich entweder ergänzen und Sie einander näherbringen, weil Sie dankbar dafür sind und sie wertschätzen, oder sie können sich trennend auswirken. Sie haben die Wahl.

167

Sie sind ein Planer und mit einem Abarbeiter verheiratet

Als Planer neigen Sie eher zu einem strukturierten, durchdachten als zu einem spontan, planlosen Umgang mit Zeit. Das gilt aber auch für Ihren Partner. Abarbeiter sind besonders versiert darin, ihr Leben nach einem immer gleichen Ablauf zu organisieren. Unterschiedlich sind Sie beide jedoch in Bezug darauf, wohin Sie Ihre Energie richten. Während Sie den Blick stets in die Zukunft gerichtet haben, ist Ihr Partner eher in der Gegenwart verhaftet. Wirkt sich das auf die Zeit aus, die Sie gemeinsam verbringen? Auf jeden Fall.

Erstens genießen Sie es beide, Zeiten im Kalender einzutragen, auf die Sie sich freuen können. Das kann für Ihre Beziehung ein enormer Aktivposten sein. Sie finden es beide toll, Zeit miteinander zu verbringen, die Sie sich ganz bewusst „freigeschaufelt" haben. Was Ihnen beiden vielleicht ein wenig Mühe macht, ist Spontaneität. Weil Sie sich beide gern an einen Plan halten, kann es sein, dass Sie dabei Chancen verpassen, sich die Dinge natürlicher entwickeln zu lassen. Sie vergessen möglicherweise beide im wahrsten Sinne anzuhalten und den Duft der Rosen zu genießen, weil Sie so sehr damit beschäftigt sind, sich an Ihren Plan zu halten. Anders ausgedrückt, es kann sein, dass Ihr Plan Sie im Griff hat und nicht Sie Ihren Plan.

Um dieses mögliche Problem zu umgehen, sollten Sie sich Möglichkeiten überlegen, wie Sie beide gelegentlich Ihre geplanten und geregelten Abläufe durchbrechen können. Wenn Sie beispielsweise geplant haben, zu Ihrem üblichen Kino-und-Restaurant-Date auszugehen, dann ändern Sie doch einmal in letzter Minute Ihren Plan und lassen Sie den Film zugunsten eines Spaziergangs im Park aus. Sie verstehen, worauf wir hinauswollen? Der springende Punkt dabei ist, dass Paare, die nur in festen Abläufen leben, irgendwann in einen Trott geraten. Setzen Sie also etwas ein, um sich ein wenig Spontaneität zu bewahren. Das kann zwar dazu führen, dass Sie sich ein bisschen aus Ihrer Wohlfühlzone entfernen müssen – was bei Ihrem Abarbeiterpartner aber noch stärker der Fall sein dürfte –, wird aber für einen guten

Tempowechsel sorgen und Sie einander näherbringen, und zwar nicht nur, um Dinge von Ihrer Aufgabenliste abzuhaken.

Ein möglicher Reibungspunkt zwischen Ihnen und einem Abarbeiter könnte etwas sein, was Sie möglicherweise als mangelnde Begeisterung für Ihre Pläne empfinden. Sie haben vielleicht manchmal das Gefühl, dass Ihr Partner bei der Gestaltung Ihrer gemeinsamen Zukunft nicht so recht mitmachen will. Nehmen Sie das nicht persönlich und deuten Sie nicht so viel hinein. Ein Abarbeiter ist einfach eher für die Gegenwart als für die Zukunft geschaffen.

Sie sollten außerdem Ihren Partner in seinem Zeitstil des Abarbeitens hin und wieder bestätigen. Während Sie vorausplanen, hilft er Ihnen, mit beiden Beinen auf der Erde und in der Gegenwart zu bleiben, und das ist etwas Gutes. Schließlich findet Ihre Ehe hier und jetzt statt. Wenn Sie Ihre gesamte Zeit darauf verwenden vorauszuplanen, dann werden Sie nie richtig im Heute leben. Und im Heute zu leben ist etwas, das Ihr Partner ein bisschen besser kann als Sie. Also äußern Sie Ihre Wertschätzung für diesen Beitrag zu Ihrer Beziehung so oft und so deutlich wie möglich. In dieser Hinsicht ist nämlich der Stil Ihres Partners eine tolle Ergänzung des Ihren.

Woran Sie denken sollten

◎ Lassen Sie sich nicht von Ihrem Terminplan beherrschen. Gestatten Sie es sich, auch hin und wieder spontan zu sein. Das ist gut für Sie, für Ihren Partner und für Ihre Beziehung.

◎ Wenn Sie das Gefühl haben, dass Ihr Partner Ihre Begeisterung für die Zukunft nicht teilt, dann interpretieren Sie nicht zu viel hinein. Abarbeiter sind fürs Hier und Jetzt gemacht.

◎ Machen Sie Ihrem Partner Komplimente für seine Fähigkeit, Ihnen dabei zu helfen, in der Gegenwart zu bleiben. Nennen Sie konkrete Situationen, in denen Sie und Ihre Beziehung von Ihrem gegenwartsorientierten Partner profitieren.

- Freuen Sie sich über die Tatsache, dass Sie beide relativ gut Zeiten einplanen können, die Sie näher zusammenbringen (dazu neigen Ihre Stile beide). Denken Sie daran, das zu Ihrem Vorteil zu nutzen.

Sie sind ein Planer und mit einem Träumer verheiratet

Wenn Ihre Beziehung eine Zeitmaschine wäre, würde sie mit Supertreibstoff betrieben und sich nur in eine Richtung bewegen – und zwar vorwärts in Richtung Zukunft. Als Planer und Träumer haben Sie beide die Gabe, plastisch vor sich zu sehen, was sein könnte. Verglichen mit anderen Paaren verbringt keiner von Ihnen beiden viel Zeit damit, in der Vergangenheit zu schwelgen, und Sie haben auch wenig Geduld mit der Gegenwart. Es ist gar nicht so, dass Sie das Hier und Jetzt Ihrer Beziehung nicht respektieren würden, aber Sie fühlen sich beide eher hingezogen zu dem, was sein könnte. Sie sind beide immer gespannt auf das, was Sie hinter der nächsten Ecke erwartet.

Das hat unter anderem zur Folge, dass Sie manchmal die besten Zeiten verpassen. Zwei Menschen, die beide zukunftsorientiert sind, können es nämlich manchmal versäumen, die Augenblicke zu genießen, die sie gemeinsam haben, während sie sich ihren Weg in die Zukunft ausmalen und planen. Das muss aber gar nicht so sein. Sie dürfen diesem raffinierten Saboteur Ihrer Zeit nicht erlauben, Ihnen noch mehr davon abzuluchsen. Sie können sich dagegen wappnen, indem Sie ganz bewusst Ihr Lebenstempo bestimmen. Darin sind alle Planer gut, vorausgesetzt, sie wollen es. Sie können Zeiten einplanen, in denen Sie das Tempo drosseln und einfach nur zusammen sind. Für einige Träumer kann das ein bisschen schwieriger sein, aber Ihr Partner wird schon bald merken, wie positiv sich eine „Planungsauszeit" auf Ihre Beziehung auswirken kann.

Das muss nicht heißen, dass Sie beide sich nicht auch weiterhin an Ihrer gemeinsamen Vision für die Zukunft freuen können. Das ist nämlich eine tolle Gemeinsamkeit in Ihrer Beziehung, durch die Verbundenheit entsteht. Sorgen Sie nur einfach dafür, dass dadurch nicht Ihr gesamtes Hier und Jetzt mit Beschlag belegt wird.

Der Unterschied zwischen Ihren beiden Zeitstilen besteht darin, wie Sie an Pläne herangehen. Im Vergleich zu Ihnen ist Ihr Partner im Umgang mit Zeit nicht so strukturiert und objektiv wie Sie. Während Sie Ruhe und Sicherheit darin finden, eine feste Vorstellung davon zu haben, in welche Richtung Sie unterwegs sind und welche Meilensteine Sie am Weg sehen, ist Ihr Partner damit zufrieden, den Weg in die Zukunft entlangzuschlendern, ohne sich besonders um Zeitpläne zu kümmern. Ihr Partner navigiert eher mithilfe von Orientierungspunkten als mithilfe von Karte und Kompass. Natürlich kann Ihnen dieser unterschiedliche Ansatz hin und wieder auch ein bisschen Mühe machen.

Was können Sie also tun? Erkennen Sie als Erstes all das Gute an, das durch die eher subjektive Wahrnehmung von Zeit entsteht. Erkennen Sie, dass der ungeplantere Ansatz Ihres Partners Raum und Freiheit für Spontaneität schafft. Das verleiht Ihrer Beziehung zusätzliche Würze. Ihr Partner sorgt für mehr Abwechselung in Ihrem Leben. Die Schriftstellerin Aphra Behn, die im 17. Jahrhundert gelebt hat, hat in diesem Zusammenhang einmal gesagt: „Abwechslung ist die Seele des Vergnügens." Ihr Partner sorgt für mehr Spaß in Ihrem Leben, selbst wenn sein eher subjektiver Zeitstil Ihnen schon sehr zu schaffen machen kann. Geben Sie auch das zu. Gestehen Sie ein, dass es das Leben interessanter und bunter macht, mit einem Träumer verheiratet zu sein.

Sorgen Sie außerdem dafür, dass Sie Ihrem Partner regelmäßig für seinen Stil Bestätigung vermitteln. Viele Planer neigen dazu, gute Eigenschaften als Selbstverständlichkeit zu betrachten. Bringen Sie Ihrem Partner gegenüber zum Ausdruck, und zwar möglichst konkret, wie sehr Sie ihn schätzen.

Woran Sie denken sollten

◎ Erkennen Sie, dass Sie beide darauf anspringen, von Ihrer Zukunft zu träumen und sie zu planen. Das ist ein tolles Geschenk und ein wunderbarer Verbindungs- und Anknüpfungspunkt.

◎ Weil Sie beide so „gestrickt" sind, dass Sie auf die Zukunft ausgerichtet sind, tun Sie Ihrer Beziehung einen Dienst, wenn Sie auch immer wieder das Hier und Jetzt in den Blick bekommen.

◎ Wenn Sie manchmal Reibung empfinden darüber, wie Sie Ihre gemeinsame Zeit verbringen, dann hat das wahrscheinlich mit dem Gegensatz von geplant und ungeplant bei Ihnen beiden zu tun. Dabei ist das eine aber nicht besser als das andere. Es ist einfach so.

◎ Machen Sie dem Partner Komplimente dafür, dass er Ihnen hilft, ein bisschen spontaner und ungeplanter zu sein – auch mal einfach nur so aus Spaß vom Plan abzuweichen. Bestätigen Sie ihn in dieser Eigenschaft.

Sie sind ein Planer und mit einem Planer verheiratet

Tipptopp in Ordnung, so führen Sie beide Ihr gemeinsames Leben. Sie unterscheiden sich vielleicht in Ihrer Art, wie Sie das konkret umsetzen, aber es besteht keine Uneinigkeit darüber, dass Sie im Vergleich mit anderen Paaren beide planen, was Sie tun, und dann auch wirklich tun, was Sie geplant haben. Sie haben Spaß daran, Ihre Dinge gut auf der Reihe zu haben. Sie gehen beide eher geplant als ungeplant vor und sind beide eher auf die Zukunft als auf die Gegenwart ausgerichtet. Dadurch befinden Sie sich beide als Planer im selben Lager.

Wenn es also darum geht, mit Ihrer gemeinsamen Zeit umzugehen, dann befinden Sie sich ganz auf derselben Wellenlänge. Wahrscheinlich haben Sie einen Kalender, in dem die Zeit eingeplant ist, die Sie miteinander verbringen. Wenn das nicht der Fall ist, haben Sie es aber zumindest eingeplant, einen einzurichten. Das kann für Ihre Beziehung ein enormer Aktivposten sein. Während andere Paare herumprobieren müssen, um irgendwie gemeinsame Zeit zu finden, planen Sie beide die Zeit dafür einfach in Ihrem Kalender ein.

Ob das auch einen Nachteil hat? Aber natürlich. Weil Sie beide zukunftsorientiert sind, neigen Sie dazu, das Leben aufzuschieben. Sie können so in Ihre Planung vertieft sein, dass Sie darüber das Jetzt verpassen. Der verstorbene Beatle John Lennon hat einmal gesagt: „Das Leben ist das, was geschieht, während wir damit beschäftigt sind, Pläne zu machen." Und das ist wohl für keine Art von Ehe zutreffender als für Ihre. Während Sie Zukunftspläne machen, geschieht Ihr Leben in diesem Augenblick. Für einige Planer ist das eine Pille, die schwer zu schlucken ist, denn Planer gestalten ihre Zukunft, indem sie gut vorausplanen. Sie halten das Morgen für besser als das Heute. „Irgendwann wollen wir ...", oder „Morgen werden wir ..." Solche Sätze hört man in Ihrer Beziehung wahrscheinlich häufiger als in anderen.

Was sollen zwei Planer nun also tun? Erstens erkennen, was für ein Geschenk sie da haben. Jeder von Ihnen hat Spaß daran, sich ernsthaft mit dem Morgen zu befassen, und davon profitiert

Ihre Beziehung. Das ist ein gutes gemeinsames Werkzeug – und bei Mann und Frau eine Seltenheit. Pflegen Sie das.

„Wo kein Plan gemacht wird, wo die Verwendung der Zeit einfach dem Zufall überlassen wird, da herrscht schon bald das Chaos", schrieb Victor Hugo. Im Vergleich zu vielen anderen Ehepaaren herrscht bei Ihnen sehr wenig Chaos. Das zeigt sich bei Ihnen wahrscheinlich in fast allen Lebensbereichen, vom Hefter mit den Kontoauszügen bis hin zu Ihrer Urlaubsplanung. Freuen Sie sich also über Ihren gemeinsamen Zeitstil.

Achten Sie außerdem darauf, nicht nur für die Zukunft zu leben. Das wird nämlich in Bezug auf Ihre gemeinsame Zeit Ihre größte Versuchung sein. Keiner von Ihnen beiden verlässt besonders bereitwillig den Planungsmodus, um den sprichwörtlichen Duft der Rosen zu genießen. Aber es ist für Sie beide wichtig, genau das zu tun. Ab und zu müssen Sie beim Planen auf die Pausetaste drücken und einfach nur *sein*. Lassen Sie sich nicht von der Zukunft Ihre Gegenwart rauben. Schützen Sie sich davor, indem Sie das Nichtplanen einplanen. Reservieren Sie sich bei Ihrer Planung auch Zeiten, in denen Sie nicht planen. Das sollten Zeiten sein, in denen Sie nicht darüber reden, was Sie als Nächstes vorhaben. Schwelgen Sie stattdessen lieber einmal in Erinnerungen. Das liegt einem Planer zwar von Natur aus nicht so sehr, aber für Ihre Beziehung ist es auf jeden Fall gut.

Gestehen Sie sich außerdem ein, dass Ihnen ein bisschen mehr Spontaneität guttäte. Für zwei Planer ist es gar nicht so einfach, von den festgelegten Pfaden ihrer wohldurchdachten Pläne abzuweichen, aber hin und wieder etwas zu tun, das die Pläne über den Haufen wirft, hält Ihre Beziehung frisch und sorgt auch für Spaß.

Woran Sie denken sollten

- Sie haben beide die tolle Gabe vorauszuplanen. Betrachten Sie diese Gemeinsamkeit, die Sie stark miteinander verbindet, nicht als Selbstverständlichkeit.

◎ Lassen Sie sich nicht von der Zukunft die Gegenwart rauben. Schützen Sie Ihre Beziehung vor zu viel Tempo nach vorn, indem Sie sich gelegentlich zurückerinnern.

◎ Weil Sie beide so „gestrickt" sind, dass Ihr Hauptaugenmerk auf der Zukunft liegt, müssen Sie ganz bewusst auch Ihre Aufmerksamkeit auf das Hier und Jetzt richten.

◎ Planen Sie ein, spontan zu sein. Das klingt für jeden Menschen außer für einen Planer verrückt, aber das hält Ihre Beziehung frisch.

Sie sind ein Abarbeiter und mit einem Sponti verheiratet

Als Mensch, der Zeit eher objektiv als subjektiv erlebt und seine Energie eher auf die Gegenwart als auf die Zukunft richtet, sind Sie ein Abarbeiter. Ihnen behagt ein gleichmäßiges Tempo mit geregelten und gleichen täglichen Abläufen. Ihre Stärke ist es, ein stabiles und verlässliches Umfeld zu schaffen.

Ihr Spontipartner hat mit Ihnen die Orientierung auf das Hier und Jetzt gemeinsam. Davon können Sie beide sehr profitieren. Wenn Sie gemeinsam Zeit verbringen, sind Sie beide ganz dabei und präsent. Keiner von Ihnen befindet sich gedanklich bereits in der Zukunft – jedenfalls nicht so stark wie viele andere Menschen – und dadurch können Sie sich gemeinsam ganz auf das konzentrieren, was in diesem Augenblick geschieht.

Ihr Partner erlebt Zeit allerdings im Unterschied zu Ihnen subjektiv. Als Abarbeiter gehen Sie strukturiert und mit Plan an Zeit heran. Bei Ihrem Partner ist das anders, was an bestimmten Punkten in Ihrer Beziehung zu Spannungen führen kann. Warum ist das so? Weil Sie sich vielleicht darüber ärgern, dass Ihr Partner bei der Zeitplanung nicht so präzise und linear ist wie Sie. Anders ausgedrückt, empfinden Sie vielleicht, dass Ihr Partner Sie in Ihren geregelten Bahnen stört oder das durcheinanderbringt, was Sie sich so schön zurechtgelegt hatten. Ihr Partner lässt sich nämlich als Sponti im Unterschied zu Ihnen auch gerne einmal treiben und verlässt sich dabei eher auf sein Bauchgefühl als auf die Uhr.

Um aus Ihrer gemeinsamen Zeit möglichst viel zu machen, könnte es hilfreich sein, Ihrem spontanen Partner zu vermitteln, dass auch sein Ansatz in Ordnung ist und seine Berechtigung hat. Äußern Sie deshalb, was der Zeitstil Ihres Partners Positives für Ihre Ehe tut. Er bringt Ihnen mehr Entspannung und Flexibilität. Ohne den Einfluss des Zeitstils Ihres Partners könnten Sie großartige Erfahrungen und Erlebnisse verpassen, weil Sie so sehr damit beschäftigt sind, sich an Ihren geregelten Ablauf zu halten. Es ist also eine großartige Möglichkeit, mehr aus Ihrer Verbundenheit und Ihrer gemeinsamen Zeit zu machen, wenn Sie Ihrem Partner gegenüber tatsächlich äußern, wie viel Ihnen das bedeutet.

Ein weiterer Punkt: Tun Sie Ihrer Beziehung etwas Gutes, indem Sie auch der Zukunft ein wenig Aufmerksamkeit widmen. Das ist außerdem ein guter Schutz für Ihre Beziehung. Weil Sie beide eher gegenwartsbezogen leben, kann die Zukunftsplanung möglicherweise ein bisschen zu kurz kommen. Dazu kann alles in Ihrer Beziehung gehören, vom Umgang mit Geld bis hin zur Ferienplanung oder der nächsten Verabredung. Aufgrund Ihrer unterschiedlichen Zeitstile sollten Sie vielleicht dort ein bisschen Mühe investieren.

Ein weiterer Punkt: Da Ihr Partner Ihren abarbeitenden Stil vielleicht manchmal als etwas eintönig oder sogar „spießig" empfindet, könnten Sie es ja vielleicht auch einmal mit etwas Spontaneität versuchen. Es ist völlig in Ordnung, Ihre geregelten Bahnen hin und wieder auch zu verlassen und von Ihrer Routine abzuweichen. Wahrscheinlich wird Ihr Partner das als Geschenk von Ihnen empfinden. Und das kann bereits viel dazu beitragen, mehr aus Ihrer gemeinsamen Zeit zu machen.

Woran Sie denken sollten

◎ Sie haben gemeinsam die tolle Gabe, im Hier und Jetzt zu leben. Betrachten Sie diesen gemeinsamen Ansatz als Schatz und Geschenk für Ihre Beziehung.

◎ Lassen Sie nicht zu, dass Ihre Gegenwartsbezogenheit Ihre gesamte Zukunft schluckt. Geben Sie sich ganz bewusst ein bisschen Mühe, um das zu besprechen, was vor Ihnen liegt, indem Sie über Ihre Erwartungen reden.

◎ Freuen Sie sich über den spontanen Zeitstil Ihres Partners und genießen Sie ihn. Danken Sie ihm ausdrücklich dafür, dass er Ihnen dadurch hilft, flexibler und entspannter zu sein.

◎ Verlassen Sie ab und zu einmal Ihre geregelten Bahnen. Betrachten Sie das als Chance, Ihrem Partner Ihre Liebe zu zeigen, indem Sie seinen eher ungeplanten und flexiblen Ansatz selbst übernehmen.

Sie sind ein Abarbeiter und mit einem Träumer verheiratet

Auch Sie ergänzen sich in Ihrer Beziehung durch Ihre beiden unterschiedlichen Zeitstile. Ihr objektiver Ansatz im Umgang mit Zeit ergänzt die subjektive Herangehensweise Ihres Partners und umgekehrt. Dasselbe gilt auch in Bezug auf die Richtung, in die Sie Ihre Energie lenken. Sie selbst sind gegenwartsorientiert, was die Zukunftsorientiertheit Ihres Partners ergänzt. Sie ergänzen sich also in beiden zeitlichen Dimensionen – darin, wie Sie sie erleben, und in Bezug auf die Richtung, in die Sie Ihre Energie richten.

Natürlich besteht auch hier wieder die Versuchung „gegensätzlich" zu sagen statt „ergänzend", und damit hätten Sie auch recht. Es ist nur eine andere Art zu sagen, dass Ihre beiden unterschiedlichen Zeitstile entweder für oder gegen Sie arbeiten können. Das hängt ganz von Ihrer Einstellung und Ihrem Verständnis ab.

Als Abarbeiter ist es für Sie vielleicht befremdlich, wenn Sie mitbekommen, wie Ihr Partner manchmal wie „gefangen" ist in einer Welt, die Ihnen wie eine „Traumwelt" vorkommt, denn Sie können durchaus der Realistischere, zumindest aber Vorsichtigere von beiden sein. Sie mögen Ihre geregelten Bahnen und einen berechenbaren und geregelten Lebensstil. Ihr Partner dagegen kann manchmal verpassen, was jetzt gerade passiert, weil sein Augenmerk so stark auf das gerichtet ist, was „irgendwann mal" passieren könnte.

Das geht Ihnen zwar vermutlich hin und wieder gegen den Strich, aber Sie könnten für Ihre Beziehung viel erreichen, indem Sie gemeinsam genießen, was der Träumer mit in die Ehe bringt. Ja, wenn Sie diesbezüglich ihm gegenüber Ihre Dankbarkeit äußern, werden Sie merken, dass dann sofort Ihre Anspannung nachlässt. Nehmen Sie sich also einmal Zeit und denken Sie darüber nach, inwiefern Ihr Ehepartner Ihre Ehe durch seinen persönlichen Zeitstil konkret bereichert. Sprechen Sie Ihre Wertschätzung auch wirklich aus, und zwar so häufig wie möglich.

Geben Sie sich darüber hinaus auch ein bisschen Mühe, mit Ihrem Partner zusammen bezüglich Ihrer gemeinsamen Zukunft zu träumen. Vielleicht widerstrebt Ihnen das zunächst, denn Sie haben eigentlich sonst eher das Gefühl, Ihren Partner in seinen Zukunftsträumen etwas bremsen zu müssen. Aber so ist Ihr Partner eben „gestrickt". Geben Sie dem also ruhig ein wenig nach. Sprechen Sie gemeinsam über Ihre Träume. Sie werden schon bald merken, dass Sie sich dadurch einander näher fühlen und sich einiger sind.

Und wenn es darum geht, dass Ihr Partner sich Ihrem abarbeitenden Zeitstil anschließt, dann seien Sie geduldig. Ihr Partner betrachtet von Natur aus Zeit anders als Sie. Ja, er findet Ihren Stil vielleicht sogar ein bisschen langweilig. Nehmen Sie das nicht persönlich. Für einen Träumer ist Abarbeiten fremdes Terrain. Wenn Sie es aber lernen, den Zeitstil des anderen besser zu verstehen und dadurch auch mehr wertzuschätzen, werden Sie irgendwann erkennen, wie Ihr Stil dem anderen helfen kann, die gemeinsamen Träume besser umzusetzen. Jeder Träumer braucht einen Partner, der objektiv in der Gegenwart verankert ist und helfen kann, Träume zu realisieren.

Woran Sie denken sollten

◉ Bringen Sie Ihre Wertschätzung für den Zeitstil des Träumers zum Ausdruck. Vielleicht gehen Sie selbst nicht auf dieselbe Art und Weise an Zeit heran und wollen es auch gar nicht, aber Sie können trotzdem das Positive anerkennen, was durch den Zeitstil des Träumers in Ihrer Beziehung geschieht.

◉ Träumen Sie gemeinsam mit Ihrem Partner. Ihr Ehepartner lechzt wahrscheinlich nach Gesprächen, in denen Sie miteinander träumen. Machen Sie ihm doch dieses Geschenk.

◉ Erkennen Sie, was Sie für Ihren Partner tun können. Als Abarbeiter können Sie den Träumer in die Lage versetzen, Ihre Träume gemeinsam zu realisieren.

◉ Ihre unterschiedlichen Stile können sich entweder gegenseitig ergänzen und Sie beide einander näherbringen, wenn Sie sie wertschätzen, oder sie können Sie weiter auseinanderbringen. Sie haben die Wahl.

Sie sind ein Abarbeiter und mit einem Planer verheiratet

Sie gehen beide objektiv an Zeit heran. Sie haben den Wunsch, gemeinsam bewusst zu planen, und das kann ein enormer Aktivposten in Ihrer Beziehung sein. Andererseits denken Sie beide unterschiedlich über Zeit. Sie lenken Ihre Energie in die Gegenwart, Ihr Partner dagegen in die Zukunft.

Dadurch wird Ihr Partner zum Planer und dieser Zeitstil kann eine großartige Ergänzung sein zu Ihrem abarbeitenden Stil. Ihr Partner hilft Ihnen nämlich dabei, Sie ein wenig mehr in die Zukunft mitzuziehen, als es Ihnen eigentlich von Natur aus liegt. Das erweitert Ihren Horizont genauso, wie Sie den Ihres Partners erweitern.

Während Sie also innerlich mit Ihren unterschiedlichen Zeitstilen mehr zusammenwachsen, werden Sie unglaublich davon profitieren, wenn Sie schätzen, was Ihr Partner in Ihre Beziehung einbringt. Denken Sie darüber einmal nach. Ein Planer ermöglicht Ihnen und Ihrer Beziehung gute Erfahrungen auf Ihrem gemeinsamen Weg. Während Sie ganz auf das Hier und Jetzt eingestellt sind, überlegt Ihr Partner, wovon Ihre Beziehung auch in der Zukunft profitieren könnte. Das ist ein Geschenk.

Welche positiven Auswirkungen hat es für Sie und Ihre Beziehung, wenn Sie Ihrem Partner Komplimente für seinen Zeitstil machen und ihn darin bestätigen? Sehr viele. Erstens baut es die Spannungen zwischen Ihnen ab, die vielleicht dadurch entstehen, mit einem Menschen verheiratet zu sein, der so sehr auf die Zukunft ausgerichtet ist. Weil Sie nicht die Notwendigkeit empfinden, so viel zu planen wie Ihr Partner, ist es unvermeidbar, dass Ihnen dieser Hang auch hin und wieder auf die Nerven geht. Ihre Wertschätzung dafür zu äußern, ist das beste Mittel dagegen.

Es wird Ihnen außerdem helfen, sich Ihrem Partner anzuschließen und gemeinsam Pläne zu schmieden. Klar, das tun Sie zwar schon, aber wenn Sie Ihre Wertschätzung und Dankbarkeit für seinen Zeitstil auch aussprechen und gemeinsame Gespräche über Ihre Zukunft führen, werden Sie merken, wie Sie innerlich noch mehr verbunden sind und zusammenwachsen.

Als Paar werden Sie beide gelegentlich daran arbeiten müssen, etwas flexibler zu werden und nicht immer nur nach Plan vorzugehen. Weil Sie beide dazu neigen, Zeit objektiv wahrzunehmen, ist Ihre Beziehung anfällig für einen Mangel an Spontaneität. Warum spielt das eine Rolle? Weil Spontaneität Ihrer Ehe Freiheit und Kreativität verleiht. Sie birgt das Potenzial, Gefühle freizusetzen. Vernachlässigen Sie diesen Aspekt also nicht. Vielleicht müssen Sie beide „Ihre Spontaneität planen", bis Sie Gefallen daran finden und sie von selbst vorhanden ist. Das ist völlig in Ordnung so. Tun Sie, was möglich ist, um gelegentlich ein bisschen verrückt zu sein. Ihr relativ geplant verlaufendes gemeinsames Leben wird Ihnen eine Auflockerung danken.

Woran Sie denken sollten

◎ Bringen Sie zum Ausdruck, dass Sie den Zeitstil Ihres Planers wertschätzen. Bestätigen Sie, was er Positives in Ihrer Beziehung bewirkt, indem Sie es ihm gegenüber aussprechen.

◎ Planen Sie gemeinsam mit Ihrem Partner. Er freut sich bestimmt darüber, wenn Sie mit ihm gemeinsam an die Zukunft denken. Das liegt Ihnen vielleicht von Natur aus gar nicht so sehr, aber tun Sie es dennoch.

◎ Als Abarbeiter können Sie Ihren Planer besser in die Lage versetzen, mehr in der Gegenwart zu bleiben. Sie sind Ihrem Partner ebenso eine Hilfe wie Ihr Partner Ihnen.

◎ Arbeiten Sie bewusst daran, ein bisschen spontaner zu werden. Keiner von Ihnen beiden ist von Natur aus so „gepolt", aber Ihre Ehe braucht das. In all Ihrem Abarbeiten und Planen dürfen Sie es nicht vernachlässigen, ein bisschen verrückt zu sein.

Sie sind ein Abarbeiter und mit einem Abarbeiter verheiratet

„Kurs und Geschwindigkeit beibehalten." Dieses Kommando aus der Nautik ist Ihr Ehemotto in Bezug auf die Zeit. Keiner von Ihnen beiden möchte das Boot zum Schaukeln bringen, indem er etwas tut, das den normalen Ablauf stört. Ihr Partner und Sie leben eher geplant als planlos und Sie richten Ihre Energie eher auf die Gegenwart als auf die Zukunft. Sie sind beide Abarbeiter. Das bedeutet, Sie sind eher systematisch und beenden meistens auch, was Sie angefangen haben. Im Verhältnis zu anderen Paaren sind Sie in Bezug auf Zeit sehr präzise und pünktlich. All diese Eigenschaften können ein ungeheurer Aktivposten in Ihrer Beziehung sein. Sie befinden sich nämlich wirklich auf einer Wellenlänge.

Sie werden allerdings aufgrund dieses gleichen Zeitstils auch vor die eine oder andere Herausforderung gestellt. Ihre Beziehung würde beispielsweise wahrscheinlich davon profitieren, wenn Sie ein bisschen ungeplanter und spontaner wären. Anders ausgedrückt, wenn Sie einander helfen können, Ihre Planung und Zeitpläne etwas entspannter anzugehen, dann werden Sie wahrscheinlich feststellen, dass solch eine eher subjektive und flexiblere Erfahrung zu mehr gemeinsamen Momenten führt.

Die berühmte Schriftstellerin Virginia Woolf hat einmal gesagt: „Das Skelett der Gewohnheit allein hält die menschliche Gestalt aufrecht." Das trifft für Abarbeiter auf jeden Fall zu. Wahrscheinlich finden Sie viel Sicherheit und Wohlbefinden in dem, was andere vielleicht eher als „immer denselben Trott" empfinden. Das ist auch völlig in Ordnung, solange dieser Trott Ihnen nicht irgendwann zum Verhängnis wird. Und wann könnte das passieren? Wenn Ihre festgelegten Abläufe und Ihr Zeitplan wichtiger werden als Ihre Beziehung. Das würden Sie wahrscheinlich nicht einmal merken, weil es gar nicht beabsichtigt wäre. Es ist ein schleichender Prozess.

Bedenken Sie Folgendes: Statt im Plan zu bleiben, nur um im Plan zu bleiben, täte es Ihrer Beziehung vielleicht besser, auch einmal zu irgendetwas zu spät zu kommen. Es ist nicht das Ende der Welt, sich hin und wieder zu verspäten. Das wissen Sie in Ihrem Kopf natürlich auch, aber zwei Abarbeiter verlieren das auch manchmal aus dem Blick.

Vielleicht müssen Sie aber einfach hin und wieder daran erinnert werden, dass Sie auch die Zeit für sich arbeiten lassen können statt umgekehrt. Da keiner von Ihnen beiden besonders dazu neigt, sich auch mal treiben zu lassen, könnte das für Sie eine echte Herausforderung sein. Aber das schaffen Sie schon. Ja, Sie können sich in dieser Sache sogar gegenseitig helfen, so wie Eisen Eisen schärft. Wenn einer von Ihnen vielleicht Schuldgefühle bekommt, weil er aus den geregelten Bahnen ausbricht, dann könnte ihn der andere beispielsweise darin bestätigen.

Wie Sie wahrscheinlich schon vermutet haben, könnte Ihre Beziehung auch davon profitieren, wenn Sie in Bezug auf die Zukunft ein wenig bewusster wären. Wann haben Sie das letzte Mal gemeinsam als Paar von der Zukunft geträumt? Wahrscheinlich ist das nichts, was Sie häufig und von Natur aus tun. Und wenn Sie meinen, dass Sie es doch tun, dann brauchen Sie vielleicht eine kleine Überprüfung, ob das auch wirklich der Fall ist.

Zwei Abarbeiter sind berühmt dafür, dass sie glauben, mehr an die Zukunft zu denken, als sie es tatsächlich tun. Warum ist das so? Weil es bei ihnen so ist wie bei fast allen Ehepaaren, die denselben Zeitstil haben: Sie haben niemanden in ihrer Beziehung, der ein Gegenstück zu ihrem Abarbeiten darstellt. Also, geben Sie auch Zukunftsgedanken ein wenig Raum. Welche Träume und Pläne haben Sie vernachlässigt? Ändern Sie daran etwas, sonst leidet Ihre Ehe darunter.

Der Punkt ist nicht, dass Sie etwas tun sollen, womit sich einer von Ihnen nicht wohlfühlt, sondern es soll Ihnen vielmehr erleichtern, sich innerlich näherzukommen. Und für zwei Abarbeiter bedeutet das, ein ganz klein wenig flexibler mit der Zeit umzugehen und ein bisschen mehr an der Zukunft interessiert zu sein.

Woran Sie denken sollten

◎ Sie haben gemeinsam die tolle Gabe, im Hier und Jetzt zu leben. Betrachten Sie das nicht als selbstverständlich.

◎ Werden Sie flexibler in Ihrer Zeitplanung. Wenn jeder von Ihnen es lernt, ein bisschen Spielraum zu schaffen und sich nicht sklavisch an Uhr und Kalender zu halten, dann wird Ihre Beziehung davon profitieren.

◎ Beschäftigen Sie sich gemeinsam mit der Zukunft. Welche Träume haben Sie diesbezüglich? Sprechen Sie darüber. Erwähnen Sie sie immer einmal wieder und tauschen Sie auch Erinnerungen aus.

◎ Helfen Sie sich gegenseitig, ausgewogener zu werden. Sie sind dabei nicht allein. Wenn es um den Zeitstil geht, sitzen Sie beide im selben Boot.

Anmerkungen

Kapitel 1

[1] Stephan Rechtschaffen, *Zeit zum Leben, den Augenblick genießen*, Goldmann, 2001.

Kapitel 2

[1] „What Moms Say They Need Most", *USA Today,* 5. Juni 2000.
[2] A. R. Hochschild, The Time Bind: *When Work becomes Home and Home becomes Work* (New York, 1997).

Kapitel 3

[1] Larry Dossey, *Time and Medicine* (Boston, 1982).
[2] Internet Umfrage von 1164 Personen im Februar 2004, *Marriage Partnership.*
[3] Linda Waite und Maggie Gallagher, *The Case for Marriage: Why Married People Are Happier, Healthier, and Better Off Financially* (New York, 2001).

4 „Take Back Your Time Day", Oktober 2003, *Office of the Governor*, www.michigan.gov.
5 Bernie Siegel, *Love, Medicine, and Miracles* (San Francisco, 1986), S. 172.
6 John Ortberg, *Das Leben, nach dem du dich sehnst* (Gerth Medien, 1998), S. 85.

Kapitel 6

1 M. Dittmann, *Journal of Family Psychology* 18 (2004):21.
2 William Doherty, *Take Back Your Marriage: Sticking Together in a World That Pulls Us Apart* (New York, 2001).

Kapitel 7

1 Dieser Effekt ist nach Bluma Zeigarnik benannt, einem russischen Psychologen. Er hat diesen Effekt zum ersten Mal im Jahre 1927 identifiziert.
2 Doug Ferguson, *A Victory in Clear View, Associated Press*, 11. März 2003.
3 Frederick F. Flach, *Choices: Coping Creatively With Personal Change* (New York, 1977).

Kapitel 8

1 Eric Schlosser, *Fast Food Nation* (Boston, 2001).
2 Robert Putman, *Bowling Alone* (New York, 2000).
3 Carl Honoré, *Slow Life – Warum wir mit Gelassenheit schneller ans Ziel kommen* (Goldmann, 2007).
4 Zitiert in Honoré, ebenda.
5 Tania Blixen, *Babettes Fest* (Manesse, 2003) (Ein Tipp: gibt es auch als wunderschönen Film auf DVD).

Kapitel 9

1 Bernice Kanner, „Are You Normal About Money?" *Ladies Home Journal,* Oktober 1998.
2 *U.S. News & World Report,* 11. Dezember 1995.
3 „How Much Money Is Enough", *Fast Company,* July/August 1999, S. 112.
4 Allen Bluedorn, *The Human Organization of Time: Temporal Realities and Experience* (Stanford University Press, 2002).
5 Kanner, ebenda.
6 David Bach, *Automatisch Millionär* (Goldmann TB, 2005).

Kapitel 10

1 Diana Burrell, „Working Hard Can Be Hazardous to Your Holidays", *Psychology Today,* Juli 2001.
2 Families and Work Institute, 2001.
3 Families and Work Institute, 1993.
4 „Leisure Time", *Newsweek,* 27. Januar 1997.
5 Lee Iacocca und William Novak, *Iacocca: An Autobiography* (New York, 1986).
6 www.mrinetwork.com/press/vacation.htm
7 Robyn D. Clarke, *Black Enterprise,* December 1, 1999.
8 *The News Letter,* 31. August 2004.
9 Nan Fink, *Stranger in the Midst* (New York, 1997), S. 47.
10 Das Christentum hat eine lange Tradition in der Einhaltung des Sabbats. Deshalb ist eine Wiederbelebung des Sabbats eher ein Geburtsrecht der Christen als die verlegene Übernahme von etwas Jüdischem. Jesus hat den Sabbat eingehalten, obwohl er die Einzelheiten des mosaischen Sabbatgesetzes hinterfragte, und zumindest seit dem Jahr 321, als Konstantin den Sonntag zum Sabbat für sein gesamtes Reich erklärte, verstehen Christen den Sabbat als Ruhetag, Tag der gemeinsamen Anbetung und des Feierns.
11 Im Kolosserbrief schreibt er: „Darum lasst euch keine Vorschriften machen über eure Ess- und Trinkgewohnheiten oder

bestimmte Feiertage, über den Neumondtag und über das, was man am Sabbat tun darf oder nicht. Das alles sind nur schwache Abbilder, ein Schatten von dem, was in Christus Wirklichkeit geworden ist" (2,16–17). Und als Jesus von den Pharisäern getadelt wurde, dass er am Sabbat Ähren von einem Feld gepflückt hatte, kritisierte er diejenigen, die aus dem Sabbatgebot einen Fetisch machten, und sagte: „Der Sabbat ist für den Menschen gemacht und nicht der Mensch für den Sabbat" (Markus 2,27).

[12] Der Judaismus spricht von *neshamah yeteira*, einer zusätzlichen Seele, die am Sabbat zu einem kommt, um in einem zu wohnen, einen aber zu Beginn der neuen Woche wieder verlässt.

[13] Henri Nouwen, *The Road to Daybreak* (New York, 1990).

Zusammenfassung

[1] *www.wd40.com*
[2] Herman Hupfeld, *As Time Goes By*, Warner Bros., 1931.

⋯⊱ Frischer Wind für die Ehe.

Dennis & Barbara Rainey:
Stille Zeit mit dir
365 neue Andachten
für Ehepaare.

Gebunden, 480 Seiten
mit Lesebändchen
Bestell-Nr. 816 350
ISBN 978-3-86591-350-0

Nehmen Sie sich jeden Tag ein paar Minuten Zeit, um sich gemeinsam mit Ihrem Partner Gedanken darüber zu machen, wie Gott die täglichen Erlebnisse, Freuden oder Krisen Ihres Ehelebens sieht. Sie werden erleben, wie Sie sich geistlich weiterentwickeln und Ihre Ehe wächst und gedeiht.

Die lebensnahen Texte aus jedem Bereich des Ehe- und Familienlebens bieten biblisch fundierte und alltagstaugliche Anregungen für Ehepaare, die bewusst Gott in ihre Partnerschaft einbeziehen wollen. Die 365 Andachten für jeden Tag des Jahres lassen durch die immer wieder hervorgehobene Gewissheit aufatmen, dass Ehen und Familien Gott besonders am Herzen liegen und er reichen Segen schenkt, wenn wir ihn in den Mittelpunkt stellen.

Ein ideales Buch für Paare, die jeden Tag gemeinsam mit Gott ihre Ehe reflektieren und so neue Energie schöpfen möchten.

Bill & Lynne Hybels:

Eheleben – Ehe lieben

Was Sie dafür tun können, dass Ihre Ehe ein Leben lang hält.

Paperback, 268 Seiten,
Bestell-Nr. 816 820

Die Höhen und Tiefen einer lebenslangen Partnerschaft kennen Bill und Lynne Hybels aus eigener Erfahrung. Trotz aller Hindernisse steht ihre Ehe heute auf einem stabilen Fundament.

„Eheleben – Ehe lieben" ist das Resultat dieses Gesundheitsprozesses; es ist Erfahrungsbericht und Ratgeber in einem. Entwaffnend ehrlich, humorvoll und mit einfühlsamem Verständnis richten die Autoren ihren Blick auf die unumgänglichen Schwierigkeiten einer Partnerschaft und verzichten auf jede romantische Verklärung.

Ihre erfrischend direkten und praktisch umsetzbaren Vorschläge zum täglichen Umgang in der Beziehung machen das Buch zu einem wichtigen Wegweiser nicht nur für Menschen, die bereits in einer Ehe leben – und vielleicht sogar unter ihr leiden –, sondern auch für solche, die sich auf eine Ehe vorbereiten.